행복의 뇌과학

옮긴이 **노보경**

한국 외국어 대학교, 캘리포니아 주립 대학교 언어학 석사, 텍사스 대학교 언어학 박사를 졸업하고 미국 시사 주간지 《The Korean Journal》 전문 번역 기자로 일했다. 동덕 여자 대학교 영어과 전임 강사를 거쳐 현재 서울 외국어 대학원 대학교 통번역 대학원 한영과 교수로 재직 중이다.

A TOOLKIT FOR HAPPINESS
Copyright ⓒ 2021 Emma Hepburn
All rights reserved.

Korean translation copyright ⓒ 2025 by INAUSBOOKS
Korean translation rights arranged with QUERCUS EDITIONS LIMITED through EYA Co., Ltd

이 책의 한국어판 저작권은 EYA Co., Ltd를 통해 QUERCUS EDITIONS LIMITED와 독점 계약한 이나우스북스가 소유합니다.
저작권법에 의하여 한국 내에서 보호를 받는 저작물이므로 무단전재 및 복제를 금합니다.

행복의 뇌과학

오늘부터 행복해지는 작은 연습 53가지

엠마 헵번 지음
노보경 옮김

A TOOLKIT FOR HAPPINESS

이나우스북스

프롤로그 • 7

제 1장 뇌과학이 말해주는 행복의 비밀

우리가 행복에 대해 오해하는 것들 • 21
뇌는 우리의 행복을 방해한다 • 31
엉뚱한 곳에서 행복을 찾는 사람들 • 41
나에게 딱 맞는 행복 알아차리기 • 51

제 2장 감정을 다루어야 행복해진다

아주 작은 관계만으로도 충분하다 • 63
의미와 목적 없이는 행복도 없다 • 71
좋은 기분을 우선순위로! • 81
힘든 감정에 대처하는 방법 • 90
불확실한 인생에서 통제력 키우기 • 98

제 3장 뇌의 속임수에 속지 않는 법

뇌는 집요하게 우리를 속인다 • 111
자비로울수록 행복해진다 • 121
생각 지휘자를 내 편으로 만들기 • 131
좋은 일들을 더 많이 음미하라 • 141

제 4 장 행복을 지키는 기술

행복의 가장 큰 적, 스트레스 · 153
시간 부자는 행복해 · 161
왜 우리는 쉽게 행복을 놓칠까? · 168

제 5 장 행복에도 연습이 필요하다

행복 습관을 만들어주는 뇌 · 181
뇌와 행복의 밀고 당기기 · 190
행복이 자라는 토대 다지기 · 198

제 6 장 무너진 마음에 회복이 필요할 때

우리는 행복해지기 위해 고통을 겪는다 · 209
건강한 마음을 지키는 뇌과학 · 219
"행복해지기를 더 이상 미루지 마세요" · 228

감사의 글 · 235
더 읽어보기 · 236

행복의 단계들

우리의 삶은 곡선을 따라 이동하며, 다양한 단계를 접하게 됩니다.

프롤로그

"나는 삶의 목적이 행복해지는 것이라고 믿습니다." 달라이 라마의 이 문장을 읽었던 순간을 아직도 생생히 기억합니다. 스물한 살, 삶의 목적을 찾아 헤매던 시절 이 말은 저를 멈춰 세웠습니다. 저는 운전을 멈추고 글래스고라는 마을의 어느 한적한 골목, 낡은 가로등 옆에 주차한 채 깊은 생각에 빠져들었습니다. 한동안 그 말의 무게에 압도되어 다음 가정 방문 약속도 잊어버릴 정도였습니다. 인생의 목적이 행복 그 자체라는 이 단순한 말에 마음이 요동쳤습니다. 오래된 가로등 옆 차 안에서 행복이 다른 것에 뒤따라오는 부수적인 감정이 아니라 그 자체로 추구할 가치가 있는 목표임을 깨달은 거지요. 그 놀라운 순간은 아직까지 제 기억에 생생하게 새

겨져 있습니다. 그때 저는 사람들의 슬픔을 위로하고 기쁨을 더해주는 심리학자가 될 운명을 직감했던 걸까요? 잘 모르겠습니다. 그러나 20년이 지난 지금도 포드 피에스타 자동차에 앉아 읽었던 그 문장을 회상하며 지금까지의 모든 경험을 담아 이 글을 쓰고 있습니다.

솔직히 고백하면 코로나가 한창인 시기에 행복에 관한 책을 쓰는 일은 쉽지 않았습니다. 슬픔과 걱정 때문에 우울하고 버거웠던 시기도 있었고요. 이런 제가 행복에 관한 글을 쓰는 것이 위선일 수도 있다는 생각이 스쳐 지나간 적도 있었지만, 힘들어도 웃어야 한다며 마음을 다스렸습니다.

그리고 나서야 제가, 아니 정확하게 말하자면 저의 뇌가 오해에 사로잡혀 있음을 깨달았습니다. 인생에서 최고 정점에 있다고 해도 매일 행복할 수는 없는데, 행복한 사람만 그것에 대한 글을 쓸 수 있다고 믿었던 것입니다. 행복을 권유하는 작가나 심리학자가 슬픔을 느끼면 행복을 이야기할 자격이 없다고 여겼지요. 고통은 삶의 불가피한 일부임을 까맣게 잊은 채 행복은 성공이고 불행은 실패라는 이분법적 사고에 갇혀, 심리학자나 작가로서의 역량과는 무관한 생각에 매몰되어 있었던 것입니다.

1년 365일 행복하다는 것 자체가 거짓이라는 확신을 가진 때도 그즈음이었습니다. 이렇게 180도 생각을 바꾸고 나니 새삼 그 거짓이 두려워졌습니다. 그 거짓은 우리의 믿음과 사고, 행동에 자연스럽게 스며들어 행복에 대한 오해를 만들어냅니다. 그 오해를 먼저 풀어보면 어떨까요? 저부터 먼저 솔직하게 고백하자면 저는 항상 행복하지는 않습니다. 오히려 다양한 감정의 롤러코스터를 경험하는 보통 인간일 뿐입니다. 행복을 온전히 이해하기 위해서는 살면서 겪는 다른 다양한 감정들도 이해해야 합니다. 제게 있어 행복이란 이러한 감정들을 헤쳐나가면서 얻게 되는 것이며 이는 일상에서 즐거운 순간을 쌓아나가는 것만큼 중요합니다.

　저도 항상 행복하지는 않지만 그래도 남들보다 유리한 점이 있습니다. 아주 오랜 시간 동안 사람들의 심리적 안녕을 위해 일해왔고 뇌과학 및 행복과 슬픔에 관한 연구 자료들을 탐독해왔기에, 마음이 행복을 깨뜨리려는 순간을 누구보다 잘 알아차릴 수 있다는 거지요. 감정을 이해하고 그것에 대응하며 조절할 준비도 잘되어 있습니다. 기분이 안 좋을 때 어떻게 행동해야 하는지도, 그 방법을 실천으로 옮기는 전략들도 잘 알고 있고요(심리학자도 이론을 실천에 옮기기는 쉽지 않습니다). 이 책을 통해 하고 싶은 일은 딱 한 가지, 이런 혜택을 여러분께 똑같이 나누어드리는 것입니다. 이 책이 나쁜 시기를 헤쳐나가는 로드맵이 되어 여러분이 삶 속에서 행복을 쌓아가는 데 도움이 되기를 바랍니다.

도대체 행복이 뭔가요?

"행복한가요?"라는 질문을 받으면 어떻게 하실 건가요? 아마 자신의 삶을 어떻게 느끼는지 대략적으로 요약해 대답할 것입니다. 그 답변도 시기와 상황에 따라 다양한 요인들로 인해 바뀔 것이고요. 이 모든 요소가 융합되어 우리는 삶이 행복한지 아닌지를 느낍니다. 그렇다면 우리의 행복을 결정하는 요소는 무엇일까요?

긍정적 감정이 행복의 전부는 아니다

처음 질문으로 돌아가봅시다. "행복한가요?"라는 질문을 받는다면 여러분은 잠시 행동을 멈추고 '지금 내가 어떻지?' 하며 그 순간의 감정을 확인하고는 "네" 혹은 "아니요"라고 답변할 것입니다. 대답하기까지 그리 많은 시간이 걸리지는 않을 테고요. 물론 "아니요, 저는 행복하지 않아요. 사실 저는……"이라고 시작하며 이렇게 말하는 사람도 있을 것입니다.

(a) 개인적인 질문을 받아서 불안하고 약간 두려워요.
(b) 아직 행복해지는 비결이 뭔지 몰라요. 그래서 혼란스러워요.
(c) 지난 한 주 동안 힘든 일이 많았어서 슬퍼요.

이런 수많은 반응만큼이나 우리의 감정은 다양합니다. 감정을 나타내는 어휘들은 수백, 수천 개나 되고 "행복한가요?"라는 질문에 대한 응답도 그 감정의 수만큼 많을 거예요. 이렇듯 행복에 대해 말할 때 우리는 특정한 순간에 느낀 특정한 감정을 떠올립니다. 그 감정은 일시적이며 순식간에 스쳐 지나갑니다. 따라서 누군가에게 "행복한가요?"라는 질문을 42번 한다면, 그는 42번 전부 다 다르게 말할 것입니다.

순간순간의 감정은 중요합니다. 긍정적인 감정을 남들보다 더 많이 느끼는 사람은 남들보다 더 행복합니다. 그러나 이것이 행복의 전부는 아닙니다. 순간적인 긍정적 감정만으로 행복해질 수 있다면 아주 좋을 겁니다. 매사를 긍정적으로 생각하고, 기분 좋은 감정은 늘리고 부정적인 감정은 줄이면 되니까요. 멋지고 쉽죠? 더 이상 이 책도 읽을 필요가 없을 거예요.

그러나 현실에서는 이런 마법이 통하지 않습니다. 긍정적인 감정이 늘 우리를 기분 좋게 만들지는 않기 때문이지요. 항상 기분이 좋다면 오히려 그 기분이 무의미할 수도 있습니다. 또 뇌가 우리를 기분 좋지 않게 할 수도 있고, 특정 행동을 하면 기분이 좋아질 것이라고 속이기도 해요. 실제로는 그렇지 않은데도 말이에요. 또 부정적인 감정을 줄이려다 보면 감정 전체의 크기가 줄어들어 오히려 기분이 좋아질 확률이 줄어들기도 합니다.

결론적으로 말하자면 행복해지려면 긍정적인 감정이 필요하지만 행복이 긍정적인 감정의 크기만큼 커지는 것은 아닙니다. 우리가 행복에 대해 착각하는 가장 큰 오류이기도 합니다. 행복은 높은 빈도의 긍정적인 감정과 낮은 빈도의 부정적인 감정이 조화를 이룰 때 시작됩니다. 그리고 여기에 또 하나의 요소가 필요합니다. 바로 '의미'입니다.

의미와 목적

행복해지기 위해 삶에서 의미를 찾으려는 행위가 새로운 것은 아닙니다. 행복의 본질에 대한 논쟁이 시작된 후부터 의미는 언제나 논쟁의 중심에 있었습니다. 그리스의 철학자 아리스토텔레스는 행복이 인간 삶의 중심 목적이라고 했습니다. 그에게 행복은 인간의 궁극적인 목적이었던 거지요.

그리스 철학자들 사이에서 바람직한 삶의 본질에 관한 토론에서 빠지지 않은 두 가지 개념이 바로 헤도니아 hedonia와 에우다이모니아 eudaimonia입니다. '쾌락주의'라고도 하는 헤도니아는 순간의 감정과 기분 좋은 감정 등 기쁨을 추구하는 삶의 방식을 말합니다. 반면, 자기 실현적 삶을 의미하는 에우다이모니아는 삶의 의미와 목적을 중시하며 지속적이고 안정적인 형태의 행복을 추구하는 것을 말합니다. 심리학 연구에서도, 삶에서 의미를 찾은 사람들일수록 긍정적인 감정과 행복을 더 많이 경험하고 건강하고 오래 산다는 점이 증명되었습니다. 행복에서 삶의 의미와 목적을 찾을 수 있지만, 삶의 의미와 목적 자체가 행복일 수도 있습니다.

행복을 넘어서

저는 행복학자가 아닌 심리학자랍니다. 그래서인지 행복만으로는 삶을 설명할 수 없다는 것을 잘 알아요. "행복하십니까?" 혹은 "행복하시나요?"라는 질문의 의미를 좀 넓혀보겠습니다. 행복을 느낀다는 것은 무슨 의미일까요? 무엇이 당신을 행복하게 만드나요? 안녕감wellbeing은 행복을 포착하는 더 나은 개념일 수 있습니다. 그런 면에서 보면 "행복한가요?"보다는 "안녕하시지요?"라는 표현이 더 적합할지도 몰라요.

행복과 안녕감은 다양한 방식으로 정의할 수 있습니다. 영국의 웰빙연구센터Centre for Wellbeing(안녕감을 측정하는 영국 통계청 산하 기관)에 따르면 안녕감은 우리가 이야기한 행복의 모든 요소를 내포하는 개념으로, 삶에 대한 만족도, 삶의 가치에 대한 신뢰도, 일상의 감정 경험, 정신적 안녕감을 모두 포괄하는 개념입니다.

본질적으로 안녕감은 인간의 정신 건강과 연결되어 있습니다. 인간의 정신 건강은 낮은 안녕감(정신 질환과 연계됨)에서부터 높은 안녕감(플로리싱)까지 단계별로 범주화되어 있고요

(6쪽의 그림을 참조하세요). 특히 플로리싱flourishing*이라는 마지막 단계는 삶에서 전반적으로 만족감을 가지는 최상의 상태를 의미합니다.

   전반적으로 만족한 삶, 플로리싱 단계의 삶, 그리고 행복하냐는 질문에 담겨 있는 모든 의미를 충족시키는 삶, 안녕감의 의미가 모두 포함된 그 삶이 제가 말하는 행복입니다(그런 의미에서 저는 행복과 안녕감이라는 말을 혼용하여 사용하겠습니다).

---

* 심리학에서는 정서, 사회, 심리적 측면에서 완전한 정신 상태를 플로리싱이라고 한다. 번영, 웰빙, 플로리시(flourish), 행복 플로리시, 번영감 등 다양한 용어로 번역되어 사용되고 있으나, 의미를 한정하지 않기 위해 본서에서는 원어를 음차해서 표기한다. – 옮긴이

행복 샌드위치

행복을 나타내는 모델은 참 많습니다. 그러나 저는 행복과 관련된 모든 요소를 모아 우리의 삶을 그대로 투영한 모델을 만들고 싶었답니다. 처음에는 '집'을 생각했었지만 '행복의 집'은 마음에 와닿지 않았어요. 한번 지으면 바꿀 수 없는 집과 달리 행복은 쌓았다 허물어졌다 하는 다양성이 존재하기 때문입니다. 그러던 어느 날, 아이들의 점심을 준비하면서 번쩍 아이디어가 떠올랐어요.

'아! 샌드위치! 그래, 맞아!'

샌드위치는 행복을 나타내는 모든 요소를 갖추고 있습니다. 매일 만들 수 있고, 재료도 바꿀 수 있지요. 잘못 만들면 흘러내릴 수도 있고, 개인의 취향과 상황에 따라 재료를 추가할 수도 있습니다. 조리 도구(방법)도 필요하고, 만드는 사람의 정성과 먹는 사람의 마음에 따라 우리에게 주는 만족감도 바뀝니다. 전문 요리사가 아니어도 누구든 바게트, 식빵, 치즈, 햄 등으로 모든 재료가 함께 어우러져 최상의 맛을 내는 샌드위치를 만들 수 있습니다.

행복도 이렇게 만들어갈 수 있답니다. 이제 우리 차례입니다. 어떤 재료가 행복을 쌓아가는 데 도움이 되는지, 그리고 행복이 듬뿍 담긴 샌드위치를 만들려면 어떤 도구가 필요한지 알아봅시다.

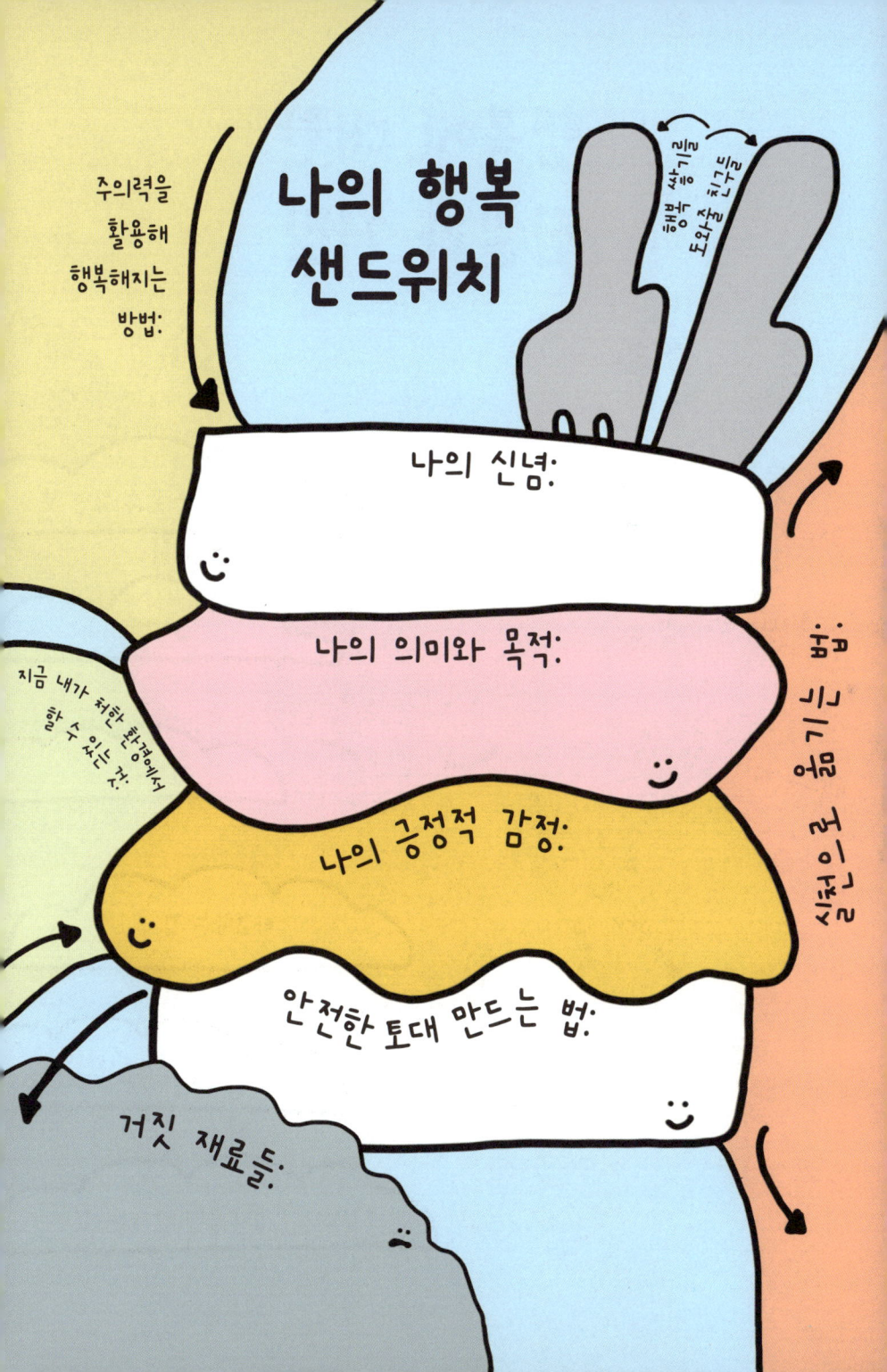

행복에 대한 진실과 거짓

진실

- 다양한 감정을 느끼는 것
- 언제나 일시적일 뿐!
- 배우는 게 가능한 기술
- 꾸준히 노력해야 얻는 것
- 지금부터 시작해야 얻는 것

거짓

- 끊임없이 느낄 수 있는 것
- 종착역
- 이기적인 것
- 타고나는 것
- 저절로 오는 것
- 부정적인 감정이 들면 안 되는 것

제 1 장
뇌과학이 말해주는 행복의 비밀

　10대 시절, 포스터 샵을 둘러보다 보면 수많은 포스터에서 "행복이란……."이라는 메시지를 마주치고는 했습니다. 그 주변에는 저녁놀 풍경, 아름다운 사진, 행복의 의미를 전달하는 재치 있는 문구들이 있었지요. 사소해 보이지만 이러한 메시지는 행복에 대한 우리의 믿음과 생각, 행복해지기 위해 노력하는 방법에 영향을 미칩니다. 미디어, 광고, 가족이나 또래 집단의 행동도 마찬가지지요. 그러나 이 모든 메시지들이 행복의 의미를 올바르게 전달하고 있을까요? 잘못된 메시지를 따라 행동해도 행복해질 수 있지만, 그것은 우연일 뿐입니다. 대부분은 잘못된 메시지를 따라가다 낯선 길에서 방황하는 자신을 마주할 것입니다.

　우리가 같이 만들 행복 샌드위치는 행복의 향과 맛이 층층이 가득 차 있어 한 입만 먹어도 배부른 만점 음식입니다. 이런 샌드위치를 만들려면 언제 어떻게 행복이 쌓이는지 알고 있어야겠지요? 이제 행복에 대한 진실과 오해, 그리고 뇌가 우리의 행복과 어떤 관계가 있는지 알아보러 함께 떠나봅시다.

우리가 행복에 대해 오해하는 것들

앞에서 행복이 무엇인지 정의했으니 이제 행복을 가로막는 요소들을 알아볼 차례입니다.

행복에 대한 신념은 우리의 사고방식, 선택, 행동의 기반이 됩니다. 보기에만 그럴싸한 재료들이 들어간 샌드위치를 생각해봅시다. 먹기 전에는 군침이 돌겠지만 먹고 나면 맛이 없을 수도 있고 입안 가득 씁쓸함만 느낄 수도 있습니다. 어떤 신념이 행복을 망치는지 파악하는 것은 중요합니다. 어떤 재료를 넣고 빼야 하는지, 언제 잘못된 재료를 넣은 건지, 왜 맛있을 거라고 기대하는지 등에 대해 올바른 판단을 해야 하기 때문이지요. 행복에 대한 오해는 광고, 미디어 등 우리의 일상 곳곳에 존재합니다. 행복에 대한 오해를 알고 나면, 행복 샌드위치의 재료를 결정하는 데 도움이 될 것입니다.

1. 원하는 바를 다 이루면 행복할 거야

"그리고 행복하게 살았답니다." 동화책 마지막에 등장하는 문구입니다. 저는 딸에게 이 문장을 다르게 읽어주곤 했지요. "그리고 행복하게 살다가 2년 후에는 다투고 싸웠답니다. 좋았던 때도 꽤 많았지만요"라고요. 이렇게 읽으면 제 딸은 너무 싫어했어요. 그렇지만 적어도 결혼, 직장, 배우자, 자녀 등 원하는 것을 다 얻어도 그 행복이 영원할 수는 없다는 진실을 알려주고 싶었습니다.

도착 오류arrival fallacy라는 욕구는 이렇게 시작됩니다. '(결혼하면 / 원하는 직장을 얻으면 / 멋진 외모를 가지게 되면) 나는 행복할 거야.' 이런 기대를 하면 행복할 수 없다는 것이 아니라, 원하는 곳에 도착해도 우리가 바라는 만큼 행복해지지는 않는다는 것입니다. 이런 식의 마음가짐은 미래의 행복만 강조하다 오히려 지금 이 순간의 행복을 포기하는 상황을 만들 수 있습니다. 오로지 미래만을 위해 오늘을 다 바치다가 정작 그 꿈이 이루어졌을 때 행복을 못 느낄 수도 있지요. 알지도 못 할뿐더러 가본 적도 없는 미래를 위해 오늘의 시간과 에너지를 전부 쏟아붓는다면 후회할 가능성이 아주 큽니다.

2. 영원히 행복할 수 있을 거야

해피랜드, 모든 꿈이 실현되는 마법 같은 곳. 인간의 존재 목적이 인생의 고난과 스트레스로부터 자유로운 장소를 찾는 것이고 그곳이 해피랜드라면, 맞습니다. 우리는 그곳을 찾아가기만 하면 됩니다. 저도 그 해피랜드행 티켓을 팔고 싶네요. 하지만 그럴 수가 없습니다. 감당하기 어려운 스트레스와 부담, 인정하고 싶지 않은 슬픔, 행복은 순간이라는 진리의 깨달음에서 오는 좌절감 등 그곳에 간 사람들로부터 셀 수 없이 많은 불만이 쏟아질 테니까요. 안타깝지만 그곳은 문을 닫을 수밖에 없을 겁니다.

해피랜드는 존재할 수 없습니다. 하버드 대학교 심리학 교수인 대니얼 길버트Daniel Gilbert는 "행복은 목적지가 아니라 삶의 여정에서 그저 잠시 방문하는 곳"이라고 했습니다. 행복이 영원하지 않음을 깨달을 때 우리는 지금이 얼마나 값진지 알게 될 것입니다. 행복이 더 빛나 보이는 것은 행복하다는 감정 자체가 일시적이고, 그 순간의 감정이 다른 감정과 대비되어 반짝이기 때문입니다. 누구나 회피하고 싶은 나쁜 감정도 삶의 자연스러운 일부분입니다. 그러니 좌절할 필요는 없습니다.

3. 행복해질 수 있는 사람은 정해져 있어

어떤 상황에서건 행복을 찾아내는 사람들이 있습니다. 그러면 행복을 못 찾는 사람은 어떻게 해야 할까요? 만일 타고난 기질이 있어야 행복을 찾아낼 수 있는 거라면, 그렇지 못한 누군가는 "그럼 난 안 해!"라며 아예 시도조차 않고 처음부터 포기할지도 모릅니다. 그러나 세상을 바라보는 시각이 경험 및 소통 방식과 맞물려서 변화하듯, 우리의 성격도 시간과 환경에 따라 바뀝니다.

아리스토텔레스는 행복은 기질이 아니라 기술이라고 했습니다. 이미 많은 연구는 이를 뒷받침하는 과학적 근거들을 제시하고 있고요.

인간은 유년 시절부터 미래의 가치관을 형성하고 세상과의 소통 방법을 배우며 성장합니다. 우리 뇌는 처음부터 이미 학습에 최적화되어 있습니다. 우리는 사고와 행동 패턴을 학습해 한 번도 해본 적이 없는 새로운 행동이나 생각을 할 수 있습니다. 성인이 된 이후에도요. 이는 모든 심리 치료의 전제이기도 합니다. 심리 치료가 가능한 것은 우리의 뇌가 학습을 하기 때문입니다. 실제로 심리 치료로 나빴던 기분을 개선한 사례나 삶의 만족도가 높아진 사례는 수도 없이 많습니다. 우리는 행복해지는 기술을 익힐 수 있습니다.

4. 행복은 부정적인 감정과는 거리가 먼 거야

감정을 단순히 좋고 나쁨으로만 구분하는 것은 바람직하지 않습니다. 좋은 감정만 필요하다는 오해를 낳을 수 있기 때문이지요. 기분이 좋을 때 행복을 경험하는 것은 맞지만, 이는 근시안적 사고입니다. 나쁜 감정과 좋은 감정은 공존하기 때문입니다.

생각해봅시다. '분노'나 '슬픔'은 나쁜 감정일까요? 억울하고 황당한 일을 겪을 때 분노는 문제를 직시하고 해결할 수 있도록 도와주는 든든한 동반자입니다. 슬픔도 마찬가지입니다. 누구나 슬픔을 경험합니다. 이럴 때 이 감정을 부정하기보다는 오히려 인정하고 받아들이는 것이 현명한 행동 아닐까요?

다른 예를 들어볼까요? 행복해지기 위해서는 좋은 기분만 필요할까요? 저는 쇼핑을 할 때는 신이 나지만 신용카드 명세서를 볼 때는 우울해집니다. 반대로 마지못해 떨떠름하게 시작했지만 시간이 지나고 나니 잘했다 싶은 일들도 있습니다(저에게는 운동이 그렇습니다). 나쁜 감정이든 좋은 감정이든 영원한 것은 없습니다. 오히려 나쁜 감정을 억제하기만 하면 그런 감정이 생길 때 죄의식이나 죄책감으로 괴로울 수 있습니다. 불쾌감도 두 배로 늘어나고요. 부정적인 마음을 억누르면 뇌와 신체가 부담을 느끼고 그로 인한 스트레스로 행복이 조금씩 줄어들게 됩니다. 좋은 감정을 유지하자는 것은 감정을 이해하며 지혜롭게 대응하자는 것이지 나쁜 감정을 없애자는 것이 아닙니다.

5. 행복하지 못한 책임은 개인에게 있어

매일 아침 "행복하자!"라고 결심하면 온종일 구름 위를 둥둥 떠다니며 걱정 없이 하루를 보낼 수 있다고 생각해보세요. 그럼 얼마나 좋을까요? 그러나 이는 어디까지나 꿈입니다. 꿈속에서는 하늘 위의 구름에서 떠다닐 수 있지만, 현실 속의 우리는 진흙 웅덩이 속에서 허우적거리며 지친 마음을 달래지요. 행복해지기는 쉽지 않습니다. 결심이나 선택만으로 행복해질 수 있다면 저 같은 심리학자가 필요할 리 없죠.

행복은 선택할 수 있는 것일까요? 행복이 그런 거라면, 불행한 사람은 여태까지 불행을 선택한 걸까요? 이는 개인의 삶의 발자취, 문화적·환경적·제도적 요인, 신념 체계, 뇌의 메커니즘, 행동 패턴 등 복잡한 모든 요소를 완전히 배제하고 모든 책임을 개인에게 돌리는 말입니다. 우울증 환자들에게는 정말 위험한 접근이지요.

저는 심리학자로 일하며 많은 사람들을 상담했습니다. 그들은 나쁜 감정을 일으키는 요인들에 어떻게 대처할지 몰라 큰 슬픔이나 고통을 겪고는 합니다. 그들이 그런 상황을 자발적으로 선택했을까요? 절대 아닙니다.

행복 전문가인 심리학자들은 뇌는 보편적 편견과 신념 체계에 쉽게 흔들리고 감성 형성도 그 영향을 받는다고 말합니다. 다행히 우리는 뇌, 생각, 행동이 어떻게 행복을 방해하는지를 인지하고 이를 관리하고 대응하여 삶의 질을 향상하는 법을 배울 수 있습니다. 행복 그 자체를 선택할 수는 없지만, 행복으로 이끄는 요소들을 이해하여 일상을 즐겁게 보내는 방법은 찾을 수 있습니다.

6. 행복은 이기적인 거야

행복의 기준은 자기 만족에 있다며 아예 관련된 생각을 없애버리는 사람들도 있습니다. 이들은 행복을 유발하는 요인들이 모두 이기적인 감정이라고 판단합니다.

하지만 행복한 마음은 가까운 지인들, 넓게는 사회 관계에도 좋은 영향을 미칩니다. 연구에 따르면, 안녕감이 높아지면 타인을 배려할 여력과 인내심이 커지고 이해심도 더욱 깊어집니다. 행복과 배려, 이 둘은 본질적으로 서로 긴밀하게 연결되어 있습니다. 그러므로 행복은 결코 이기적인 감정이 아닙니다. 오히려 개인의 삶뿐만 아니라 주변 사람들에게도 선함을 일깨워주는 소중한 가치를 지닌 감정입니다.

나는 행복에 대해 어떤 생각을 가지고 있을까?

다음 문장들을 읽은 뒤 행복에 대한 자신의 생각을 알아보고 그 생각이 진실인지 확인해보세요.

나의 믿음 (오해) → **진실은?**
행복하려면 절대 슬퍼하면 안 돼! → 행복하려면 나쁜 감정도 필요해.

나의 믿음 (오해) → **진실은?**
행복은 선천적으로 가지고 태어나는 거야. → 행복은 순간의 감정일 뿐이야.

나의 믿음 (오해) → **진실은?**
행복은 긴 여정을 거쳐서 얻을 수 있는 거야. → 행복은 우리가 학습할 수 있는 기술이야.

나의 믿음 (오해) → **진실은?**
뭔가를 얻거나 성취하면 행복해질 거야. → 행복은 지금 이 순간 내가 만들어가는 거야.

나의 믿음 (오해) → **진실은?**
행복은 알아서 생기는 거야. → 행복은 노력해서 얻는 거야.

당신의 뇌는…

하지만 당신의 뇌는 사실…

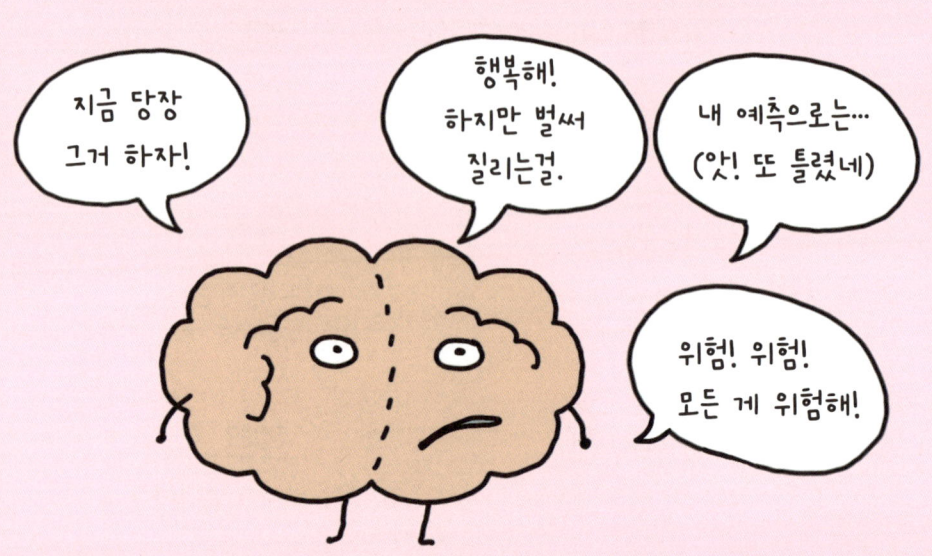

뇌는 우리의 행복을 방해한다

행복은 뇌에서부터 시작합니다. 하지만 정확히 뇌의 어떤 부분이 그런 작용을 하는지는 알 수 없습니다. '행복 피질'이란 것은 존재하지 않기 때문입니다.

뇌의 활동은 신체에서 시작합니다. 신체에 전해지는 자극을 해석한 것이 바로 '감정'이지요. 감정과 행복은 주변 환경에 큰 영향을 받습니다. 우리의 감각과 주의력은 그 환경을 뇌에 전달하고요. 우리의 신념 체계는 필터가 되어 그렇게 전달받은 정보를 해석하고 평가하지요.

참 대단하죠? 그러나 사실 행복해지는 데 뇌는 별 도움이 되지 않습니다. 뇌는 행복을 삶의 목적으로 보지 않기 때문입니다. 이 기관은 그저 설계된 대로 우리를 안전하게 지키고 다량의 정보를 신속하게 전달하는 임무를 충실하게 수행할 뿐입니다. 우리가 뇌와 행복에 관해 진지하게 대화를 나누어야 하는 이유가 여기에 있습니다. 글로리아 게이너Gloria Gaynor의 〈나는 살아남을 거야I will survive〉라는 노래 아시나요? 뇌가 우리에게 던지려는 메시지를 듣고 싶다면 그 노래를 권합니다. 뇌는 우리의 '생존'만을 생각한답니다.

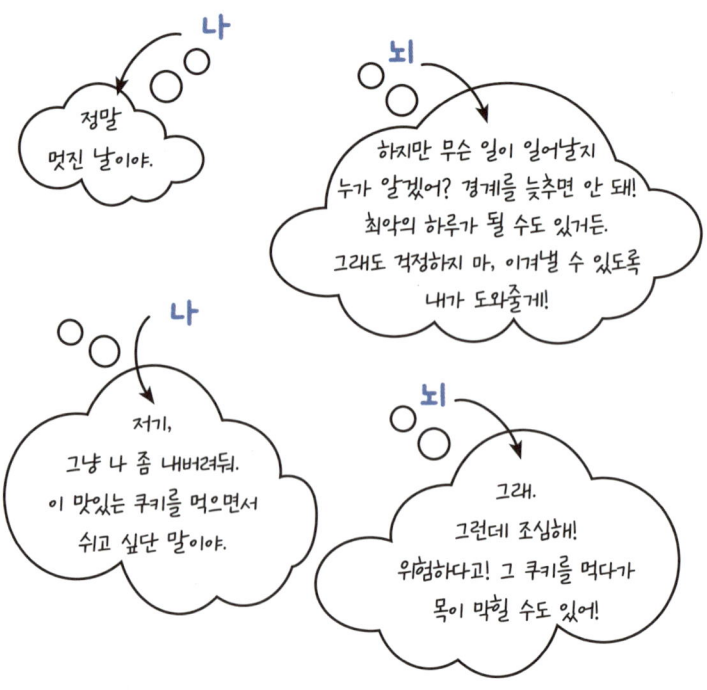

우리가 뇌와 이런 논쟁을 벌이고 있다고 생각해봅시다. 공감하기 어렵지만, 뇌는 위험을 감지하고 미래를 예측하여 우리를 안전하게 지키는 것만이 자신이 할 일이라고 말할 것입니다.

사람은 사회적 연결 속에서 안전하게 보호받으며 살아가기를 원합니다. 이 부분에서 우리와 뇌는 서로 지향점이 같지요. 우리는 하나의 목표를 향해 나아가게 됩니다. 하지만 뇌가 우리 뜻대로 작동하지 않는 경우도 있습니다. 기분 나쁜 말을 들으면 우리는 그날의 좋았던 기억은 모두 잊어버리고 온종일 그 말에 꽂혀서 우울한 하루를 보냅니다. 떠올리고 싶지 않은데 자꾸 그 말이 떠오르는 것은 나중에라도 똑같은 말 때문에 상처받지 말라고 뇌가 그 말을 계속 상기시키기 때문입니다. 이럴 때 뇌와 우리 마음은 불협화음을 만들어냅니다.

그럼 어떻게 해야 할까요? 설계에 따라 자신의 임무를 수행하는 뇌를 바꿀 수는 없으니, 우리가 잘 대처하는 수밖에는 없습니다. 여기서 뇌의 특징 몇 가지를 살펴보고 그에 대응하는 방법을 배워봅시다.

1. 좋은 감정보다 나쁜 감정을 강하게 인식한다

'나쁜 것이 좋은 것보다 더 강하다.' 이는 좋은 것보다 나쁜 것에 더 민감하게 반응하는 뇌의 방식을 요약한 유명한 심리학 논문 제목입니다. 뇌는 부정 편향적이라 위협을 감지하고 그것에 민감하게 반응하도록 설계되어 있고, 삶에서 축적된 나쁜 경험들을 토대로 미래의 위험을 예측합니다. 누군가가 뜨거운 물이 들어 있는 냄비를 엎질렀다고 해봅시다. 뇌는 '냄비=위험'이라는 공식을 기억했다가 물이 가득 들어 있는 냄비만 보면 즉각 경계 태세를 강화합니다. 경계 수위는 냄비가 엎질러지는 상황이 일어나지 않을 때 내려갑니다.

생리학적으로 나쁜 기억은 좋은 기억보다 뇌에 오래 머물기 때문에 잊을 때도 천천히 사라집니다. 나쁜 기억이 신체를 자극하면 신체는 뇌에 신호를 보내고, 그 신호에 자극받은 뇌는 격렬하게 반응하며, 그런 과정은 강한 기억으로 뇌리에 남게 됩니다. 그럼 다시 그 기억이 신체를 자극하는 악순환이 이어지기 때문에 나쁜 기억은 오래 남을 수밖에 없습니다. 그런데 대체 뇌는 왜 이러는 걸까요? 왜 우리의 행복을 방해하는 걸까요? 이에 대한 대답도 글로리아 게이너의 노랫

말에서 찾을 수 있습니다. "나는 살아남을 거야!" 우리를 지키고자 미리 긴장함으로써 나쁜 일이 재발할 때를 대비하는 것입니다.

2. 좋은 감정에는 쉽게 무뎌진다

뇌는 좋은 감정을 처음 느꼈을 때의 그 짜릿한 기쁨을 오래 기억하지 않습니다. 이를 '쾌락적 적응 hedonic adaptation'이라 합니다.

인간은 좋은 감정이든 나쁜 감정이든 모든 감정에 적응하게 되는데, 이는 두 가지 방법으로 이루어집니다. 첫째는 시간이 지나고 여러 가지 일을 겪으며 초기의 감정이 줄어드는 것이고, 둘째는 행복을 가져다주던 상황이나 사물을 당연하게 받아들이는 것입니다. 이러한 쾌락적 적응은 우리가 삶의 새로운 상황에 적응할 수 있도록 하고 격한 감정을 다스리게 해준다는 점에서 도움이 됩니다. 하지만 문제는 뇌의 부정 편향성으로 인해 좋은 감정보다 나쁜 감정에 적응하는 데 시간이 더 많이 걸리고, 그만큼 나쁜 감정을 오래 기억할 수밖에 없다는 것입니다. 하루를 보내다 나쁜 일이 생기면 우리는 그날 전체를 나쁜 기억으로 채우며 불평하고는 합니다. 하지만 기분 좋은 일이 생겼다고 해서 그날 하루가 더 행복했다고 말하는 사람은 별로 없습니다.

3. 미래의 감정을 예측하려고 한다

인간의 뇌는 미래를 상상할 수 있는 멋진 능력을 갖추고 있습니다. 대니얼 길버트는 "미래 예측은 뇌 고유의 기능이며 뇌는 이를 실현할 수 있다"라고 말했지요. 그러나 20세기 중반에 나온 SF 소설을 읽어본 사람이라면 인간이 미래를 예측하는 데 얼마나 서투른지 알 것입니다.

미래를 상상할 때 우리는 사건뿐 아니라 감정도 예측하는데, 이를 '정서 예측affect forecasting'이라 합니다. 정서 예측은 미래를 계획하고 감정을 자제하는 데 도움을 주며 무엇보다도 지금 내려야 하는 의사 결정에 영향을 미칩니다. 그러나 불행히도 인간은 잘못된 예측을 내리는 오류를 범합니다.

여기서도 뇌의 부정 편향성이 작용합니다. 우리는 특정 사건이 우리 삶에 미칠 영향과 그 영향이 얼마나 오래 지속될지를 과대 평가 합니다. 나쁜 일이 발생하면 우리 뇌는 지나치게 감정을 이입해 미래에는 상황이 더 악화할 것이고 그 후유증도 실제보다 더 오래 지속될 것이라고 과장해서 예측하지요. 또 한 가지 가능성만 생각하고, 다른 가능성이나 동시다발적으로 다른 사건이 일어날 가능성은 아예 배제하고요. 복권 당첨과 같은 좋은 일에도 마찬가지입니다. 멋진 집, 멋진 자동차, 그리고 당첨되는 순간의 황홀감을 떠올리지만 그로 인해 생길 문제들, 예를 들면 가족이나 친구들의 금전적 요구, 혹은 동료들이 느낄 소외감이나 상대적 박탈감 등은 생각하지 않습니다.

이 과정에서 감정은 중요한 역할을 합니다. 뇌는 현재를 살고 있기 때문에 지금 이 순간 기분이 좋으면 낙관적으로 편향된 미래를 예측하고는 합니다. 기분이 나쁘면 비관적으로 예측하고요. 우리는 뇌와 진솔하게 대화를 나누면서 뇌가 언제 예측을 하는지 그리고 그 예측이 도움이 되는지 꼭 확인해보아야 합니다.

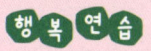

뇌와 대화를 나누세요

뇌의 작동 방식을 바꿀 수는 없지만, 그것에 대처할 수는 있습니다. 뇌가 우리의 행복을 방해하는 때와 방법을 파악하여 대응해봅시다. 이 책에서 소개하는 여러 방법을 알게 되면 뇌의 부정 편향성을 극복하는 데 도움이 될 것입니다.

뇌가 부정적으로 굴 때

도움이 되는 대응 방법

긍정적인 댓글도 많지만, 부정적인 댓글도 하나 있어! 너무 상처받았어!

→ 좋은 것만 생각해! 뇌가 긍정적인 댓글만 기억하도록 도와줄 거야!

하루를 되돌아보면 힘들었거나 부정적인 기억만 떠올라!

→ 생각의 시야를 넓혀. 긍정적인 면도 살펴보려고 노력해봐! 부정적인 댓글이 하나 있으면, 긍정적인 댓글이 몇 개 있었는지 세어보며 균형을 잡아봐! 긍정적인 부분에 집중하면 뇌의 부정 편향성을 극복할 수 있어!

좋은 일에 무덤덤해질 때

긍정적인 일들은 거의 기억이 안 나! 삶에 별 영향을 주지도 않는 것 같으니까 그냥 다음 일로 넘어가게 돼.

한 방을 기다리지 마! 일상에서의 작은 성취를 모두 기념하고 축하해봐!

대응 방법

좋은 일들을 떠올려봐. 오늘 잘한 일들, 기쁘거나 자랑스러웠던 순간을 돌아봐. 좋은 일들을 더 많이 생각할수록 기억에도 오래 남고 그 효과가 감정과 뇌에 오래 지속될 거야.

기억을 돕는 방법을 찾아보면 어떨까? 사진을 찍거나 이야기를 나누는 건 어때?

미래를 예측할 때

기분이 우울해서 행사에 안 가기로 했어. 가도 우울할 것 같아서….

다가오는 행사가 걱정돼. 정말 끔찍할 것 같거든. 하지만 막상 가보면 생각보다 나쁘지 않고 즐길 것 같긴 해.

대응 방법

한번 실험해보는 건 어때? 1~10 중에서 행사에 가면 재미있을 가능성은 몇이야? 그리고 가서 직접 확인해봐! 얼마나 재밌는지 보라고. 예상 점수가 얼마나 정확한지 알게 될 거야. 그리고 이 비교치를 기록하고 나중에 참고해. 그럼 네 감정을 객관적으로 평가하게 될 거야.

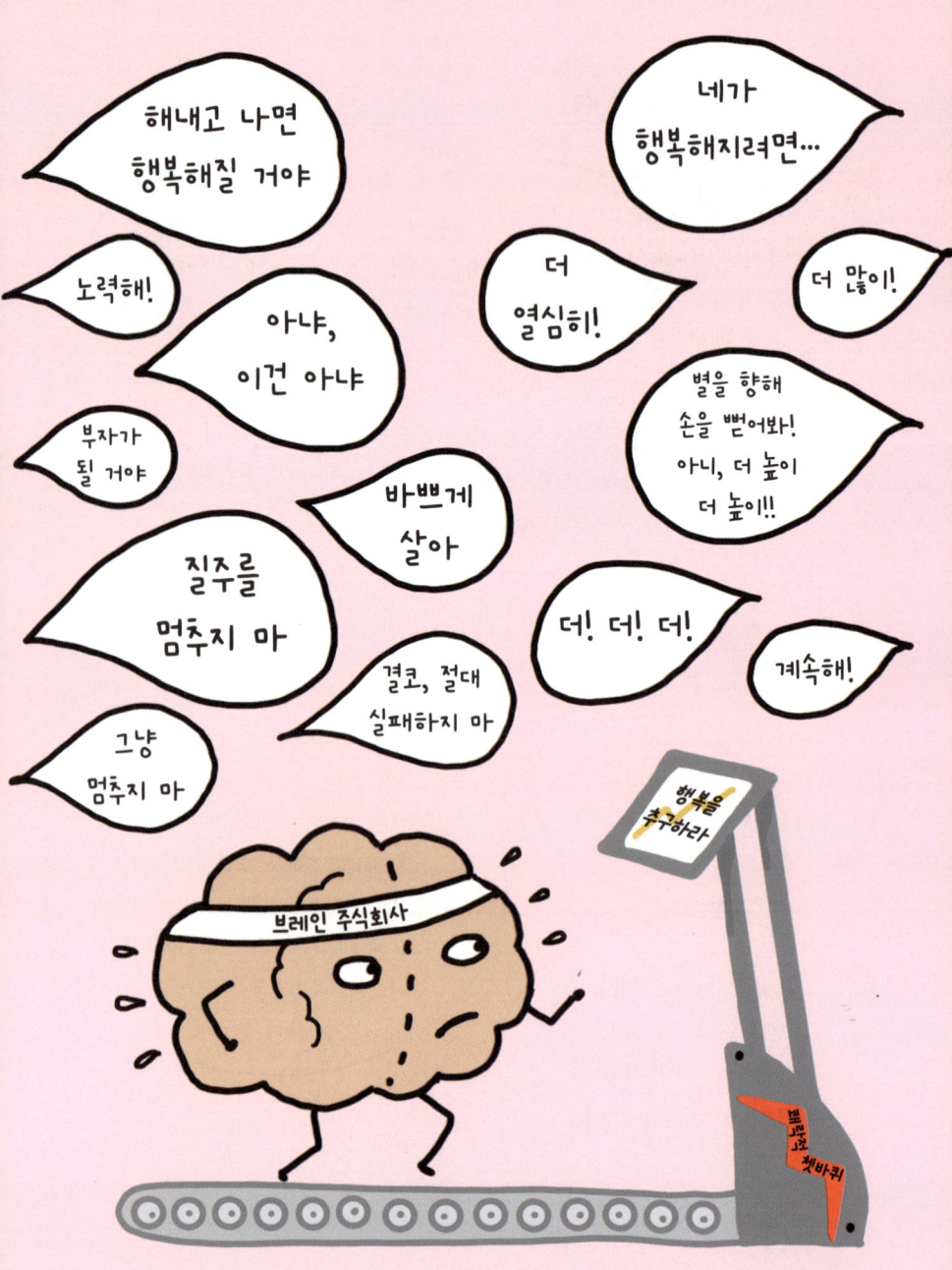

엉뚱한 곳에서 행복을 찾는 사람들

행복에 대한 신념은 우리의 예측, 선택, 행동의 근간이 됩니다. 우리의 일상적인 선택과 행동이 삶에 긍정적인 영향을 미치는 요인들과 지속적으로 일치할 때 주관적 안녕감은 높아지지요. 그러나 쾌락적 적응 혹은 비현실적인 기대 때문에 우리는 행복해지지 못하곤 합니다. 행복에 대한 신념에 영향을 미치는 요인에는 어떤 것들이 있을까요? 우리가 성장하면서 들은 수많은 이야기, 사회의 메시지, 직접 겪은 경험 등 모든 것이 영향을 미칩니다.

놀랍게도, 행복해지기 위해 필요하다고 일반적으로 생각하는 것과 심리학자들의 관점은 상당히 다릅니다. 해야만 한다는 것들, 이를테면 더 많이 소유해라, 더 많이 벌어라, 더 높은 자리로 올라가라, 바빠야 한다, 더 많이 성취해라, 절대 실패하지 말아라 등의 메시지는 우리에게 끊임없이 성공을 주문하지만, "그래서 그다음은?"에 대한 대답은 알려주지 않습니다. 언제나 더 높은 곳을 향해 가라고만 요구할 뿐이지요. 높은 곳을 향한 질주가 행복을 담보하는 것은 아니며, 모든 것을 성취했다고 해서 행복할 거라는 근거는 없습니다. 그런데도 이러한 통념은 여전히 사람들의 선택, 행동, 신념에 지대한 영향을 미칩니다. 우리가 엉뚱한 곳에서 행복을 찾아 헤매는 것은 이 때문입니다. 이제 이러한 통념에 의문을 가지고, 왜 우리가 그 울타리 안에 갇혀 있는 것인지 성찰해봅시다. 이것이 우리가 넘어야 할 다섯 가지 벽입니다.

1. 더 높은 곳을 향하라는 메시지

사회가 우리에게 외치는 메시지는 늘 한결같습니다. 더 높은 곳을 향해 질주하라, 더 나은 삶을 추구하라, 더 많이 일해라, 더 나은 사람이 돼라, 자기 발전을 추구하라……. 하지만 그렇게 살다 보면 더 행복해지지는 않고 쳇바퀴만 돌게 됩니다. 더 높은 곳이 질주의 유일한 목표가 되면 '다음'만이 중요해져서 매 순간 자신에게 만족하지 못하게 되기 때문이지요. 이 메시지를 따르는 사람들은 목표를 성취할 때만 행복해진다고 확신하기 때문에, 돈, 명성 등을 좇는 삶을 추구할 것입니다.

그러나 많은 심리학자들은 목표를 성취했다고 해서 늘 행복이 뒤따라오는 것은 아니라고 말합니다. 오히려 목표를 달성해도 쾌락적 적응에 빠져 걸어온 발자취를 돌아볼 겨를도 없이 그다음 목표를 향해 질주할 것입니다. 그러나 행복을 위한 자양분은 '지금 소중한 것들'입니다. 이를 놓쳐서는 안 됩니다.

목표 중심적 사고는 뇌의 성향과 일치합니다. 목표를 성취했을 때의 그 짜릿함을 저도 알지요. 그러나 행복은 목표를 향하는 과정에서도 옵니다. 원하는 결과를 얻었을 때만 행복할 수 있다는 생각은 옳지 않습니다. 그러면 지금 이 순간의 행복을 영영 잃어버릴 것입니다.

2. 뇌의 보상 시스템

뇌는 보상에 민감합니다. 뇌의 보상 시스템은 기쁨뿐만 아니라 학습, 기억과도 밀접한 관련이 있습니다. 맛있는 음식, 사회에서 만난 좋은 관계 등 기분 좋았던 일들이 미래에도 계속 생기기를 기대하는 것은 당연한 생리입니다. 기쁨이라는 보상을 받았으니, 다시 그 기쁨을 느끼고 싶은 것입니다. 그런데 그거 아세요? 뇌의 보상 시스템은 보상을 받을 때보다 그 보상을 기대하는 동안 더 활발하게 작동합니다. 그 때문에 유혹이 강력하고 달콤하게 느껴져 불행해지는 선택을 하는 상황이 일어나는 것입니다. 그 달콤함이 영원할 거라고 착각하여 후회할 선택을 하는 것이지요.

알코올과 약물 중독이 바로 대표적인 예입니다. 사람들이 알코올과 마약에 중독되는 것은 순간적인 쾌락 때문입니다. 화학적으로 활성화된 뇌의 보상 시스템에 이끌려 그래서는 안 되는 걸 알면서도 순간적인 쾌락에 빠져들지요. 소셜 미디어도 비슷합니다. 사람들은 누구나 칭찬을 받고 싶어 합니다. '좋아요'를 받고 싫어할 사람은 없습니다. '좋아요'를 받으면 너무 기쁘고, '좋아요'가 없으면 기분이 가라앉는 현상도 뇌의 보상 시스템 때문입니다.

기분이 나아지지 않으면 우리는 보상을 더 갈구하게 됩니다. 지금까지의 기분을 만회하고 싶어 더욱 보상을 원하지요. 그러면 유혹에 더 쉽게 흔들리는 악순환이 발생합니다.

누구나 이성적으로는 유혹에 빠지면 어떤 파국이 기다리고 있는지를 압니다. 그런데도 자신을 통제하지 못할 만큼 보상 시스템은 강력합니다. 그런 면에서 뇌의 보상 시스템은 우리의 행복을 가로막는 훼방꾼입니다.

3. 행복에도 자격이 있다는 믿음

행복하면 안 된다고 자신을 옥죄는 사람들이 있습니다. 열심히 일해서 생산성이라는 결과로 자신의 가치를 증명해내야 행복을 느낄 자격이 있다고 믿는 사람들이지요. 생산적인 일을 해야 떳떳하고, 즐겁기만 한 일을 하면 죄책감을 느끼는 사람들은 오로지 목표 성취와 같은 구체적인 결과가 있을 때만 자신에게 행복을 허용합니다. 이런 생각은 옳지 않습니다.

스스로 만든 덫에 걸려서 행복을 거부하는 사람들도 많습니다. 행복을 느끼는 그 순간에도 행복이 사라질까 봐 두려운 사람, 행복 다음에 불행이 올까 봐 무서운 사람, 긍정적인 감정을 가져서는 안 된다는 부정적인 사고를 하는 사람, 자부심은 자만심이라고 여기는 사람……. 이들은 행복하면 안 된다고 스스로를 억제합니다.

자신이 행복을 누릴 자격이 없다고 느끼는 사람들은 자기를 신뢰하지 않습니다. 그러나 긍정적인 감정과 경험은 결코 후순위가 되어서는 안 됩니다. 긍정적인 활동과 그에 뒤따르는 기분 좋은 감정들은 뇌, 신체, 건강에도 유익할뿐더러 행복 지수를 높여줍니다. 긍정은 삶의 본질이며, 행복의 중심이 되어야 합니다.

4. 행복해지려는 과도한 노력

행복을 얻기 위해 필사적으로 노력하는 사람은 어떨까요? 심리학자들은 너무 애쓰면 오히려 해롭다고 경고합니다. "어! 잠깐만요! 그럼 제가 왜 이 책을 읽고 있는 거죠?"라고 의구심을 제기할 수 있습니다. 하지만 영원히 행복하게 해주는 마법 같은 공식이 있으리라는 기대를 갖고 이 책을 읽는다면, 무조건 실망할 것입니다. 영원한 행복은 없습니다. 비현실적인 기대일 뿐입니다.

영원하고 완전한 행복이 삶의 최종 목표가 되면 그 목표를 성취하지 못했다고 느낄 때 절망감을 맛보게 됩니다. 스스로에게 실패자라는 멍에를 씌우고 불행해지는 것이지요. 행복은 긴 여정에서 경험하는 순간적인 감정입니다. 도달해야 할 종착지나 특별한 감정이 아니고 그저 인생의 긴 여정에서 겪는 과정일 뿐입니다. 자신을 이해하고, 다양한 감정과 안녕감을 추구하면서 살아가면 행복은 우리 옆으로 슬며시 다가옵니다. 의미 있고 유익하면서도 행복을 주는 것들과 함께 살아가며 일상을 영위하는 방법을 배우면 자연스럽게 행복해질 것입니다.

5. 주어진 환경 무시하기

흔히들 돈으로는 행복을 살 수 없다고 말합니다. 어느 정도는 맞는 말이지만 돈이 없어 힘들어지면 불행한 것도 사실입니다. 가난은 스트레스를 유발하고 삶의 질에 영향을 미치니까요.

주어진 환경과 맥락은 중요합니다. 불안, 무질서, 기본적인 욕구의 불충족 등은 건강과 행복을 위협합니다. 힘든 상황에서도 행복을 느낄 수는 있겠지만, 삶 전반에 걸쳐 적절한 행복과 건강을 유지하기 위해서는 신변의 안전, 생활의 안정과 더불어 기본적인 욕구가 충족되어야 합니다.

   행복을 개인적인 수준에서만 평가해서는 안 됩니다. 행복은 공동체와 사회적 수준에서 바라봐야 하며, 이러한 맥락 속에서 사회는 행복과 안녕감을 줄 수 있는 수단을 제공해야 하지요. 만일 이러한 사회적 여건이 마련되지 않아 불행하다면 자책하지 않아도 됩니다. 여러분의 잘못이 아니니까요.

   여러분이 처한 환경 자체가 열악하다면 이 책에서 말하는 내용은 도움이 되지 않을 수 있습니다. 그렇다면 먼저 행복할 수 있는 환경을 찾아 나서야 할 것입니다.

   자, 이렇게 행복을 가로막는 다섯 가지 장벽을 살펴보았습니다. 이제 '행복 연습'을 통해 행복을 가로막는 훼방꾼을 확인하고 도움을 받기 바랍니다.

행복을 가로막는 벽 찾아내기

나에게 딱 맞는 행복 알아차리기

행복 샌드위치의 속을 어떻게 채워야 할까요? 평생 써먹을 수 있는 좋은 방법을 소개합니다! 행복 샌드위치 만들기는 그리 간단하지 않습니다. 진짜 샌드위치 재료도 개인마다 취향과 선호가 천차만별이듯, 행복해지는 방법도 사람마다 제각각 다르니까요. 중요한 점은 자신에게 맞는 것이 무엇인지 생각하고, 알아차리고, 이해하며(삶이 변하는 것처럼 이것들도 바뀔 수 있습니다), 까탈스러운 뇌가 우리의 마음과 다르게 작용하는 순간을 깨닫는 것입니다.

행복 샌드위치는 단순히 자신을 행복하게 만드는 요소뿐만 아니라 자신의 기분에 영향을 미치는 요인과 그러한 요인이 발생했을 때 어떻게 대처할 수 있는지까지 이해해야 진정으로 만들어집니다. 기분 좋은 감정을 느끼는 순간을 알아채는 법도 배워야 하고요. 그렇게 만들어진 샌드위치가 제 역할을 해낼 때 행복은 차곡차곡 쌓일 것입니다.

다음 페이지에 나오는 '행복 연습'을 활용하여 당신만의 행복 샌드위치에 넣어야 할 재료들을 확인해보세요. 17쪽에 있는 빈칸을 채워보고, 책을 읽으면서 자신의 주의력, 신념, 상황 등이 행복을 키우는 데 어떻게 도움이 될 수 있는지 생각해보세요.

당신은 얼마나 행복한가요?

아래의 척도를 이용하여 지금 얼마나 행복한지를 알아봅시다. 잊지 마세요! 항상 행복하기란 불가능하다는 것을요. 그림 아래의 질문은 지금의 감정 상태를 파악하고 목표로 삼아도 좋을 행동을 찾는 데 도움을 줄 거예요.

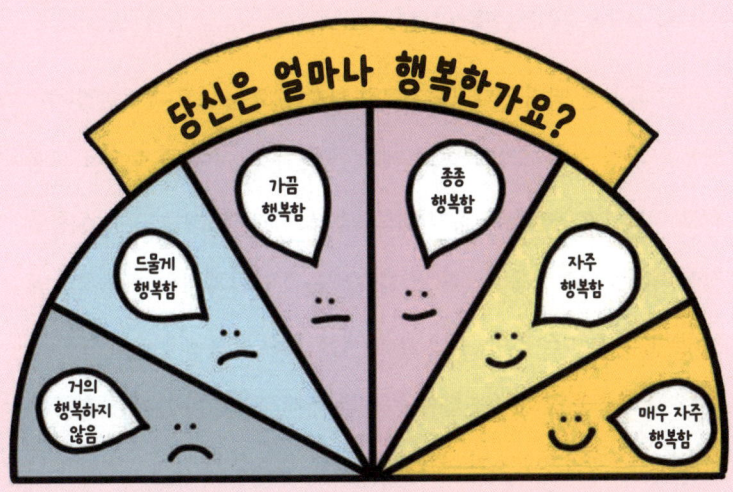

- 지금 당신의 행복 단계는 어디입니까?
- 왜 이 단계를 선택했나요?
- 지금 감정에 영향을 미치는 요인은 무엇인가요?
- 더 행복해지려면 무엇이 필요할까요?

행복 연습 2

행복 샌드위치 만들기

직전에 알아본 행복 수준을 바탕으로 이제 샌드위치를 만들어봅시다. 50쪽의 행복 샌드위치 그림을 활용하여 샌드위치를 어떤 재료로 채울지 고민해보세요.

1단계: 바닥에 놓을 빵(행복의 기초)

바닥에 놓을 빵이 없다고요? 그럼 다른 재료는 있으나 마나입니다. 행복을 훼방 놓는 요인들, 스트레스, 불안, 에너지 부족 등으로 고통받고 있으면 행복을 키워주는 재료들을 쌓기가 힘들어집니다. 상황을 직접 해결하거나 도움을 청할 방법이 있는지 찾아보세요. 기본적인 자기 관리, 스트레스 관리, 수면 습관 개선, 건강한 식단과 수분 섭취 등을 통해 기초를 강화해야 합니다. 뇌와 신체가 활성화될 때 긍정적 에너지와 기본적인 영양소가 제공되어, 좋은 재료들을 빵에 안전하게 담을 수 있습니다.

2단계: 위에 덮을 빵(신념)

샌드위치 위에 덮을 빵은 신념을 상징합니다. 한 입만 베어 먹어도 재료가 줄줄 흘러내리는 샌드위치가 있는가 하면, 끝까지 재료가 떨어지지 않는 샌드위치도 있습니다. 일을 많이 해야 행복해질 수 있다고 믿는 사람은 야근이라는 잘못된 재료를 추가할 것입니다. 샌드위치를 안 먹어도 되는 간식 정도로만 생각하는 사람은 가방에 넣고 까먹어서 곰팡이가 피어도 나 몰라라 할 것입니다. 자신이 행복과는 거리가 멀다고 생각하는 사람은 아예 샌드위치 자체에 신경도 안 쓸 것입니다.

3단계: 샌드위치 재료 선택

샌드위치 바닥에 놓을 빵과 위에 덮을 빵은 결정되었으니, 이제 샌드위치를 어떤 재료로 채울지 생각해봅시다. 무엇을 넣어야 하냐고요? 미리 고민하고 걱정할 필요 없습니다. 이 책에서 소개하는 효과가 입증된 재료들만 넣으시면 됩니다.

- **기분 좋게 하는 일**

기쁨이나 즐거움 등 긍정적인 감정을 느끼게 하는 일들을 모두 적어봅시다. 어떤 것이든 상관없습니다. 아주 짧은 순간이었어도 좋고, 끝낸 후에 기분이 좋아지는 일이어도 좋습니다. 실제로 해봤는데 기대와는 달리 기분이 좋지 않았다면 그냥 목록에서 쓱쓱 지우면 됩니다. 이 목록은 언제나 수정할 수 있습니다. 제 목록에는 친구 만나기, 아이들과 놀기, 맛있는 음식 먹기 등이 실려 있습니다(이 중 일부는 저에게 삶의 의미와 목적에 해당하기도 합니다).

목록을 쉽게 작성하려면 경험을 떠올리고 느껴지는 대로 평가하면 됩니다. 행동 후의 기분이 1점에서 10점 중 몇 점인지 정하고, 그 순간의 감정을 적어보세요. 단, 단발적인 경험은 제외하세요. 상황에 따라 같은 행동을 하고도 느끼는 감정은 달라질 수 있기 때문입니다. 똑같은 일이라도 두통에 시달릴 때 했다면 기분이 나빴을 수 있지만, 두통이 없을 때 했다면 기분이 좋았을 수도 있습니다. 적정 기간 동안 똑같은 행위를 여러 번 했을 때도 그 감정이 변함없이 유지되었다면 그때 행복 샌드위치에 넣거나 빼면 됩니다.

- **삶에 의미와 목적을 주는 일**

행복은 긍정적인 감정의 경험뿐 아니라 삶의 의미, 목적과도 관련이 있습니다. 샌드위치의 맛을 제대로 내려면 이 재료들 간의 균형이 필요합니다. 여러분의 삶의 의미는 무엇인가요? 자신의 가치관과 스스로에게 중요한 것에 부합하는 삶을 살면 안녕감이 높아집니다. 삶에 의미와 목적이 되는 일이 무엇인지 생각해보세요. 즐거운 일이 곧 삶의 의미와 목적일 수도 있고, 그 반대일 수도 있습니다. 제 삶의 의미와 목적 중 하나는 직장에서 사람들을 돕는 것이랍니다. 힘들기도 하지만 아주 즐거운 일입니다.

잘못된 재료 식별하기

우리가 언제나 올바른 재료만 선택하는 것은 아닙니다. 무언가를 먹을 당시에는 맛있었는데 나중에 속이 안 좋거나 맛이 이상했던 경험이 누구나 있을 것입니다. 이제 잘못된 재료를 적어봅시다.

- 지속적이고 안정적인 행복을 보장하지 못하는 일

첫 맛과는 달리 개운하지 않은 뒷맛에 무언가를 먹은 것을 후회한 적이 있지 않나요? 이는 단기적 보상을 좇는 뇌의 속성 때문입니다. 우리 뇌는 빨리, 짧게, 강하게 보상을 받는 데만 주의를 기울이고 지속적이고 안정적인 행복에는 관심이 없습니다. 이러한 보상은 장기적으로 볼 때 행복에 도움이 되지 않습니다. 현대인들은 스마트폰을 만지는 순간 편리함과 각종 서비스로 단기적 보상을 받지요. 그러나 장기적으로는 어떨까요? 현대인들은 실생활에서 직접 얻을 수 있는 행복과 점점 더 멀어지고 있습니다.

- 행복을 가져다줄 것 같았지만 실제로는 아닌 일

샌드위치 맛이 형편없어서 뒤늦게야 재료를 잘못 선택했다는 것을 알 때가 있습니다. 누구나 희망 사항이 있습니다. '체중이 줄었으면 좋겠다.' '팔로어가 몇 명이면 좋겠다'라며 각자가 원하는 바를 기대하지요. 그러나 기대가 현실로 바뀐다고, 즉 실제로 체중이 원하는 만큼 줄

거나 팔로어가 원하는 수만큼 늘어도 우리가 꼭 행복할 거라는 보장은 없습니다. 오히려 생각보다 행복하지 않아서 당황할 수 있습니다.

샌드위치에 영향을 미치는 다른 요인들

샌드위치 재료와 맛에 영향을 미치는 다른 요인들을 알아봅시다.

- **주의력**

주의력은 신념 체계(내면의 세계와 생각)와 긴밀하게 상호 작용하여 샌드위치에 넣을 재료를 결정하는 데 도움을 줍니다. 또 주관적 안녕감과 재료가 유익한지를 판단하는 데도 영향을 미치고요. 샌드위치를 먹을 때 '무엇을 넣었길래 이렇게 맛있지?' 하면서 맛을 음미하나요, 아니면 스마트폰을 보는 데만 정신을 빼앗겨 있나요? 우리 뇌는 행복을 위협하는 요인들은 재빨리 본능적으로 알아차리지만, 반대로 행복을 가져다주는 요인들을 파악하는 데는 둔합니다. 주의가 산만하면 행복해질 수 있는 기회를 그냥 지나칠 수 있습니다.

- **지속적인 관심**

맛있었던 재료는 기억해두었다가 나중에 또 넣어야겠지요? 괜찮은 레시피는 계속해서 활용하고요. 샌드위치를 만드는 기술이 나아졌나요? "네!"라고 외친다면 완벽합니다!

- 환경(맥락)

　행복 샌드위치에 영향을 미치는 맥락은 결코 간과되어서는 안 됩니다. 환경은 우리의 신념 체계를 형성하고 유지함으로써 단순히 샌드위치의 재료에만 영향을 미치는 것이 아니라 기초까지도 흔들 수 있습니다. 예를 들어 주변에 온통 자신을 깎아내리는 사람만 있다면 엄청난 스트레스를 받게 되며 신념 체계도 흔들릴 수 있습니다.

제 2 장
감정을 다루어야 행복해진다

행복에 관한 잘못된 신념, 오해, 그리고 그로 인해 겪었던 씁쓸한 일들……. 1장을 읽으며 잊고 있었던 과거의 기억을 떠올린 분도 있을 것입니다. 부디 이 책이 행복을 가로막는 잘못된 재료들을 식별하는 데 도움이 되길 바랍니다. 이제 우리의 기분을 좋게 해주는 샌드위치 재료들을 자세히 살펴봅시다. 어떤 재료들로 샌드위치를 채우는 게 좋을까요?

여기서 소개하는 각각의 내용들이 만병통치약은 아닙니다. 한 번의 처방으로도 행복해질 만큼 쉬운 인생은 없으니까요. 행복은 인생이라는 긴 여행에서 들르곤 하는 환승역과 같습니다. 그리고 우리는 환승역에 있는 그 순간에 행복의 맛을 느끼게 해주는 재료를 선택해야 합니다. 원하는 대로 샌드위치의 재료를 바꿀 수 있는 것처럼, 우리도 행복의 재료와 방식을 입맛대로 선택할 수 있습니다. 100퍼센트 완벽한 행복 방정식은 존재해서도 안 되지만 존재할 수도 없습니다. 행복 샌드위치도 마찬가지입니다. 샌드위치의 재료가 각각의 특성, 가치, 장점들을 살리며 행복을 만들어내는지 끊임없이 고민해보아야 합니다. 처음에는 어색하고 낯설어도 뇌가 '그만해, 이제 다 배웠어!'라고 할 때까지 최대한 많이, 다양하게 시도해봅시다.

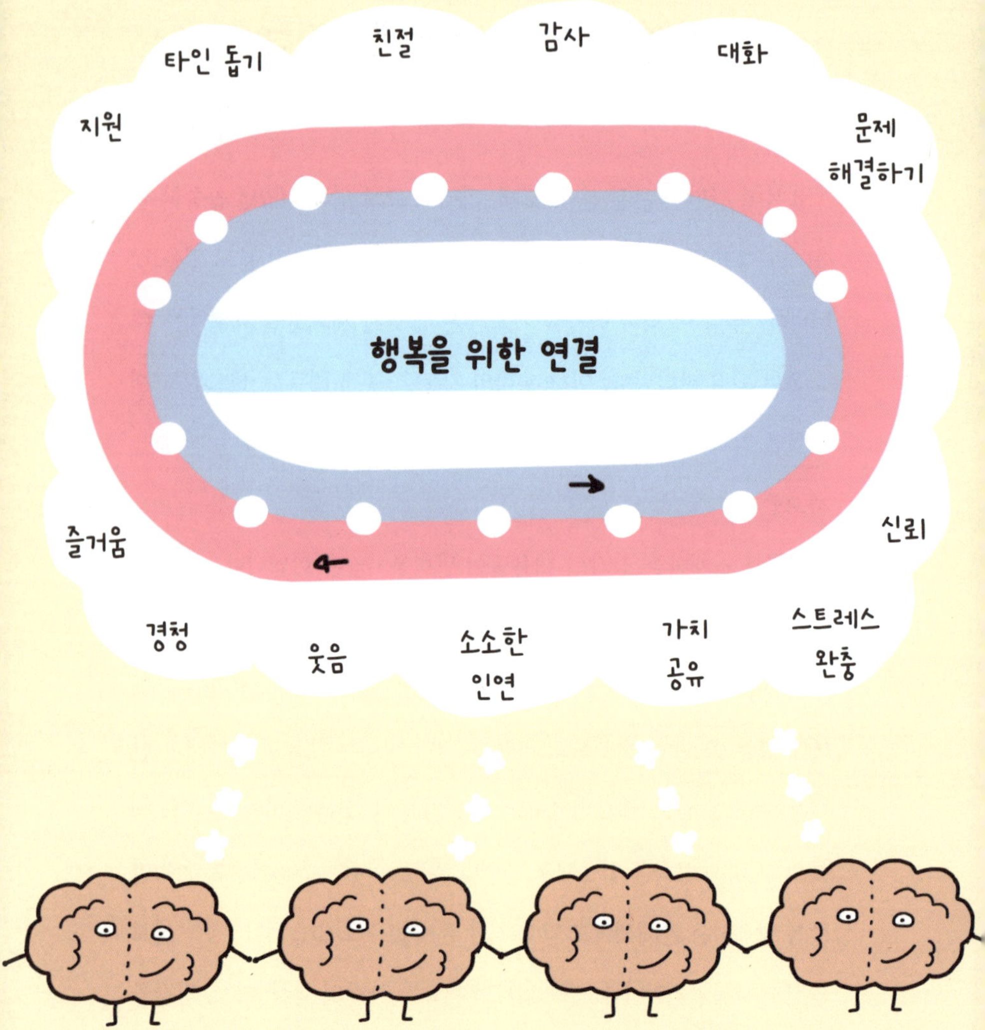

타인 돕기　　친절　　감사　　대화

지원　　　　　　　　　　　　문제 해결하기

행복을 위한 연결

즐거움　　　　　　　　　　　　신뢰

경청　　웃음　　소소한 인연　　가치 공유　　스트레스 완충

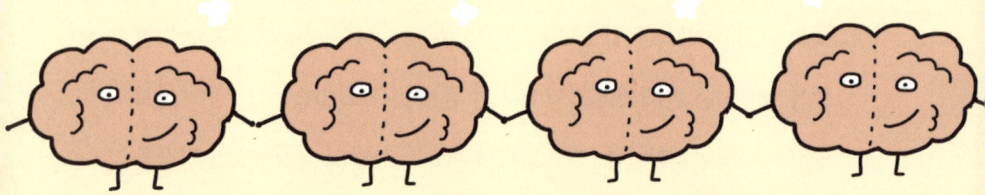

아주 작은 관계만으로도 충분하다

돈, 재산, 직업적 성공 대신 아주 오랫동안 행복해지는 확실한 방법은 따로 있습니다. 바로 '사회적 연결'입니다.

인간의 뇌에는 이미 사회적 연결에 필요한 장치들이 설계되어 있습니다. 아주 작은 관계만으로도 충분합니다. 고양이 애호가들이 귀여운 고양이 사진을 공유할 때, 직원들이 직장 상사에 대한 불만을 터놓을 때, 부모가 자녀에게 잠자리에서 동화책을 읽어줄 때 등 아주 사소한 일상에서 우리가 느끼는 것, 그것이 사회적 연결이고, 이러한 긍정적 연결은 몸과 정신을 건강하게 해줍니다. 하버드 성인 발달 연구 Harvard Adult Development Study 프로젝트의 책임 연구원 로버트 월딩거 Robert Waldinger 박사는 70년이 넘는 기간 동안 하버드 대학교 졸업

생들과 그들의 자녀를 대상으로 행복에 관한 연구를 한 결과 "좋은 인생은 좋은 인간관계에 있다"라고 결론지었습니다. 참으로 멋진 말입니다!

사회적 연결의 반대는 '고립'입니다. 외로움은 인간에게 독입니다. 스트레스를 증가시키고, 신체에도 해를 입혀 건강과 안녕감에 경고음을 울립니다.

사회적 관계를 맺으면 왜 좋은 걸까요? 그 이유는 헤아릴 수 없이 많습니다. 우선 좋아하는 사람과 감정을 공유하고 공통 주제로 이야기하는 것 그 자체만으로도 즐겁지요. 내가 남과 다르지 않다는 동질성의 힘은 큽니다. 스트레스는 줄고 긍정적인 기운을 얻으면서 소통을 하게 되지요. 이전과는 다른 새로운 관점으로 문제를 바라볼 수도 있고요. 사고의 폭이 넓어져 혼자서는 해결할 수 없었던 문제도 쉽게 풀 수 있습니다. 누군가와 함께하는 것 그 자체가 삶의 의미와 목적을 충족시켜주기도 합니다. 누군가를 도움으로써 우리도 위로를 받는 것이지요. 긍정적인 경험을 공유하면서 대화를 하면 그 기억은 머리에도 오래 남습니다. 따뜻한 기억과 즐거웠던 이야기를 오래 간직하고 싶은 것은 인간의 본능입니다.

교감을 하는 동안 부정적인 감정이 사라질 수도 있습니

다. 그러면 좋은 기억이 머리 한가운데에 자리를 잡아 '쾌락적 적응'은 자연스럽게 바깥으로 밀려나게 됩니다. 또 우리는 혼자일 때보다 사람들과 함께일 때 더 많이 웃습니다. 웃으면 복이 온다는 것 아시죠? 무엇보다도, 사회적으로 연결되면 다른 사람과 가치관을 공유할 수 있음에 많은 안정감과 안도감을 얻게 됩니다.

'양보다는 질'이라는 말처럼, 사회적 연결은 너비보다 깊이가 중요합니다. 신뢰가 두터운 관계는 안정감을 줍니다. 하지만 신뢰는 자연스럽게 형성되는 것이 아니라는 점을 알아야 해요. 각자의 경험과 그에 따른 신념 체계에 따라 다른 사람을 신뢰하는 것이 생각보다 훨씬 어렵기도 하니까요.

사회적 연결의 형태는 다양합니다. 유사한 경험이나 관심사를 가진 사람들과의 공감은 마음을 편안하게 해주지요. 그렇다고 해서 이질감이 꼭 고립으로 이어지는 것은 아닙니다. 누군가에게서 느꼈던 이질감이 다른 누군가와는 동질감으로 바뀔 수 있으니까요. 그렇게 자기 생각이 독특한 것이 아님을 자연스럽게 깨닫는 순간, 우리는 마음의 안정감을 얻습니다.

아주 작은 행위로도 사회적 연결은 가능합니다. 다른 사람과 마주칠 때 미소를 짓거나 회의에서 상사의 긴 연설을 듣다가 동료와 눈빛 교환을 한다든지 말이에요. 사회적 자본, 즉 주변 사람들로부터 얻는 혜택(예: 학교 끝마친 아이 돌아가면서 태워 오기) 또한 사회적 연결의 이점입니다. 이기적인 생각이 아닌가 의아할 수 있겠지만 사회적 연결은 양쪽 모두에게 이익을 줍니다. 서로 도움을 주고받으며 원하는 혜택을 얻을 수 있으니까요. 사회적 연결을 꼭 샌드위치의 재료 창고에 넣어두세요. 덕도 쌓고 문제도 해결할 수 있게 됩니다.

행복 연습 1

샌드위치에 사회적 연결 추가하기

사회적 연결은 행복과 안녕감을 유지하는 필수 요소입니다. 자신에게 가장 적합한 방식으로 샌드위치에 넣으세요. 아래의 질문을 읽고 사회적 연결이 가지는 의미를 생각해봅시다. 다른 '행복 연습'에서 제시한 구체적인 아이디어와 함께 행복 샌드위치에 추가해보세요.

- 사회적으로 연결되어 있다는 느낌을 가장 많이 받을 때는 언제인가요?
- 그 외에 사회적으로 연결되었다는 느낌을 주는 일에는 무엇이 있을까요?
- 지금의 삶에 사회적 연결을 어떻게 더할 수 있을까요?

친절과 도움의 힘

제 딸은 용돈을 절약해서 다른 사람들에게 베풀겠다고 말하고는 합니다. 친절은 안녕감을 증진하고 긍정적인 감정을 키우며, 부정적인 감정을 줄이고 사회적 관계, 의미 및 목적 의식을 구축해줍니다. 연구에 따르면 작은 친절과 도움이 큰 친절과 도움만큼, 혹은 그보다 더 큰 행복을 가져다준다고 합니다. 일상에서 할 수 있는 작은 친절을 떠올려보세요. 문 열어주기, 사람들에게 미소 짓기, 친구에게 추억의 사진 보내기, 간단한 감사 인사 등 친절을 베풀 수 있는 행동은 많습니다. 더 많은 사례를 원한다면 '행복을 위한 행동Action for Happiness' 웹사이트(http://www.actionforhappiness.org)에 있는 다양한 아이디어를 확인해보기 바랍니다.

공감 능력 키우기

공감은 타인의 기분을 헤아리는 것, 눈에 보이지 않는 수면 아래의 많은 것들을 알아채고, 헤아리고, 이해해주는 것입니다. 행복을 원한다면 공감할 줄 알아야 합니다. 이를 통해 우리는 인내심, 관용, 이해심을 바탕으로 사회적 연결의 울타리 속에서 타인의 긍정적인 감정을 공유해 많은 기쁨을 얻을 수 있습니다. 공감하는 대신 누군가를 '판단'하고 있는 자신을 발견하면 일단 멈추세요. 그리고 한 걸음만 뒤로 물러서서 눈에 보이지 않는 수면 아래에 무엇이 있는지를 생각해보기 바랍니다. 이해의 폭을 넓히면 상대방에 관한 생각과 행동도 바뀝니다.

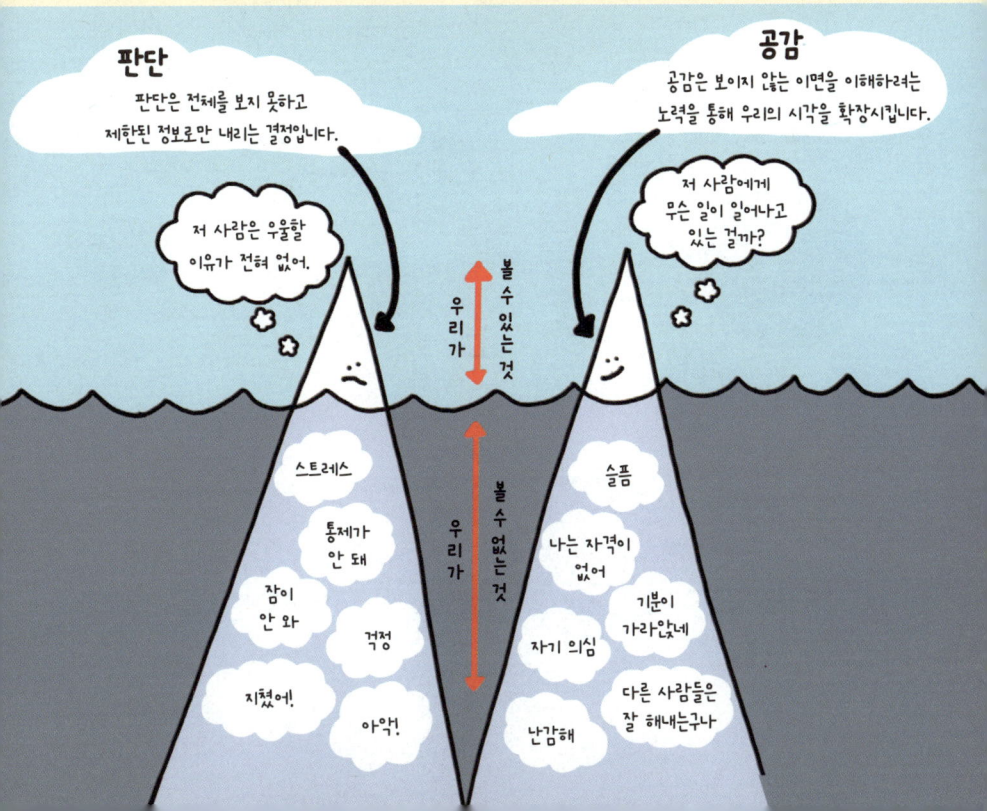

의미와 목적 없이는 행복도 없다

의미를 찾는 것은 자연스러운 행위입니다. 뇌는 수많은 정보를 기반으로 패턴을 찾아내 효과적으로 그것들을 처리하지요. 우리는 목소리의 톤과 표정에서 의미를 찾고 감각 데이터를 통해 사물을 인식합니다. 회색 털이 북실북실하고 꼬리를 가진 동물이 견과류를 먹고 있다면, 우리는 뇌의 정보 처리를 통해 그 동물이 다람쥐임을 인식하게 됩니다. 대화할 때도 화자의 어휘 속에서 말의 의미를 찾으려고 노력하고요. 이러한 사고 과정은 상대방의 말을 이해하고 대응하는 데 도움이 됩니다.

심지어 뇌는 전혀 연관 없는 무작위 정보에서도 의미를 만드는 경향이 있습니다. 심리학에서 '아포페니아apophenia'라고

하는 이러한 현상은 일상에서도 쉽게 접할 수 있지요. 머릿속으로 생각하고 있던 사람에게서 전화가 올 때 그 일을 특별하게 받아들이거나 어떤 현상을 근거도 없이 결정적 신호라고 확신하는 것, 혹은 찻잔 바닥에 있는 잎을 보고 상징적인 의미를 부여하는 것 등이 아포페니아에 해당합니다.

우리는 인간이기에 삶 속에서 의미를 찾고자 합니다. 정신과 의사 빅터 프랭클Viktor Frankle은 제2차 세계 대전 당시 나치 강제 수용소에 수용되었습니다. 혹독한 고통 속에서도 그는 의미에서 인간의 존재 가치를 찾아 이를 제일 먼저 삶에 통합해야 한다고 생각했습니다. 그는 '왜' 사는가를 고민하는 사람은 '어떻게'를 견딜 수 있다고 말했습니다.

삶의 의미를 이해하는 사람은 '왜' 사는가를 깨닫고 삶을 꾸려나갈 줄 압니다. 의미는 행복의 중심이기도 하지만, 스트레스에 대처하는 데에도 도움을 주고 뇌 기능을 향상시키며, 우리가 더욱더 기분 좋게 오래 살아갈 수 있도록 해줍니다. 이것이 행복 샌드위치를 쌓을 때 꼭 '의미'를 넣어야 하는 이유입니다.

의미 있는 일이 기쁨을 주는 경우도 종종 있습니다. 자녀에게 책 읽어주기, 친구들과 즐겁게 지내기 등이 그렇지요.

물론, 의미 있는 일이 언제나 기쁨과 환희를 동반하는 것은 아닙니다. 자녀를 양육하는 일을 생각해봅시다. 아이들을 사랑하더라도 키울 때 매일매일이 즐겁지는 않겠지요. 부모들은 자녀 양육을 통해 충분한 행복을 느끼지만, 수면 부족, 시간 압박, 스트레스 등으로 기분이 가라앉는 때도 꽤 있습니다. 저에게는 글쓰기가 그렇습니다. 매우 즐겁고 보람 있는 일이라 기쁘기도 하지만, 힘들고 버거울 때도 많습니다. 그러나 집필 작업은 목적이 있는 행위이고, 책을 통해 다른 사람에게 약간이나마 긍정적인 영향을 줄 거라고 믿기에 설레는 일입니다.

하지만 주의하세요! 샌드위치를 만들 때는 적절한 균형을 찾아야 합니다. 너무 의미만 가득하고 즐겁지 않은 행동은 지금 이 순간을 불행하게 만들 수 있어요. 아무리 몸에 좋다고 해도 샌드위치가 맛없다면 먹기 싫겠지요. 하지만 처음 베어 먹을 때부터 맛있는 샌드위치라는 인식을 주면, 그 기분 좋은 기억이 오래 남아 긍정적인 영향을 가져올 것입니다.

'의미'는 무엇일까요? '의미'는 '왜'입니다. 삶에 가치를 만들어주고 우리에게 목적을 주는 것이지요. 일상 속에서 의미를 주는 작은 일들에 가치를 부여하세요. 중요한 과제에 집중하거나, 의미 있는 일들을 어떻게 더 많이 할까를 고민하는 것도 의미를 불어넣습니다.

의미를 '가치'로 받아들여도 됩니다. 가치는 목표를 설정할 때 방향을 제시하지요. 지속적으로 가치 있는 일을 하면서 살아간다면 분명 즐거울 거예요. 의미를 이해하면 목표의 방향뿐 아니라 행복 샌드위치에 넣어야 할 재료를 결정하는 데도 도움이 됩니다.

당신의 '왜'는 무엇인가요?

70쪽의 그림을 참고하여 의미 있는 일상적인 일을 적어보세요. 활동(위성)에서 의미(행성)로 거슬러 올라가도 되고, 그 반대로 해도 됩니다. 어떤 일이 자신에게 목적을 부여하는지 모르겠다면 '가치'에 대해 생각해보세요. 예를 들면 사람을 돕는 일, 창의성, 지속 가능성 등을 추구할 '가치'로 정했다면, 그 가치에 맞는 활동이 무엇인지 생각해보세요.

또 다른 방법은 자신이 목적 의식을 느끼는 일이 무엇인지 생각해보는 것입니다. 이 활동들을 하나로 묶고 그 모두를 아우르는 큰 주제(행성)를 설정해보세요. 다음은 도움이 될 만한 몇 가지 질문입니다.

- 잠깐 생각해봅시다. 오늘 한 일들에는 어떤 의미가 있나요? 어떤 작업이 의미가 있거나 목적 의식을 갖게 하나요? 그 이유는 무엇인가요?
- 어떤 활동에 매력을 느끼나요? 어떤 활동에 몰입되나요? 어떤 활동을 하고 나면 기분이 좋아지나요? 이 활동들에 공통점이 있나요?
- 유의미한 방식으로 사회에 연결되어 있다고 생각하나요? 그렇다면 사회적 연결은 당신에게 어떤 의미인가요?

- 삶을 되돌아볼 때, 목적성을 가지고 한 활동들이 있나요?
- 삶을 되돌아볼 때, 가장 의미 있는 활동으로 기억하는 것은 무엇인가요? 그 의미에 맞게 하루, 일주일, 혹은 한 달 동안 살아간다면 어떤 모습일까요?

일상에 의미(행성)를 주는 활동(위성)을 어떻게 행복 샌드위치의 재료로 포함시킬 수 있을지 생각해보세요. 이 연습이 어렵게 느껴질 수 있습니다. 답을 빨리 찾지 못해도 낙담할 필요는 없어요. 충분히 시간을 가지고, 일상에서 의미와 목적을 찾아가며 여유 있게 생각해보세요.

보다 가치 있는 일에 기여하기

보다 가치 있는 일에 헌신하는 것은 중요합니다. '의미'는 개인적 목표를 보다 큰 목적이 있는 행위와 일치시키는 기능을 합니다. 이를 통해 우리는 사회적 관계를 느끼고 공동체의 모든 혜택을 누리면서도 타인을 돕는 상호 관계를 맺게 됩니다. 종교, 가족, 지역 커뮤니티 안에서 자연스럽게 이러한 경험을 할 수도 있지만, 꼭 그렇지만은 않습니다.

이러한 경험을 원한다면 어떻게 시작하는 게 좋을까요? 환경에 가치를 두고 있다면 환경 보호 단체에 시간을 할애하거나 지역 해변 정화 활동에 참여할 수 있겠지요. 친절함이 중요한 가치를 가진다고 생각한다면 직장에서 조직을 만들어 활동하거나 혹은 지역 사회에서 친절을 나눌 수도 있을 것입니다(예: 푸드 뱅크에 기부하기). 다음 질문에 답하면서 생각해보세요.

- 추구하는 가치가 무엇인가요? 개인을 넘어 가족, 커뮤니티, 사회 같은 더 넓은 범위에서 그 가치를 실현하고 싶은가요?
- 어떤 기술을 가지고 있나요? 그 기술을 어떻게 나눌 수 있을까요? 개인을 넘어 커뮤니티, 사회 등에서 그 기술을 어떻게 사용할 수 있을까요?

경외감 경험하기

경외감은 감탄, 경탄, 놀라움을 경험하며 자신 너머의 저 어디선가에서 무엇인가를 볼 때 느끼는 웅장한 감정입니다. 좀 더 거창하게 이야기하자면, 쉽게 이해하기도 어렵고 기존 지식 체계로는 도저히 받아들일 수 없는 거대한 존재를 목격했을 때 느끼는 긍정적인 감정이지요. 경외감은 그 중요성에 비해 쉽게 간과되고는 합니다. 경외감을 통해 초점이 내면 세계에서 바깥 세상으로 넓어지면 우리의 존재는 작아지지만, 심리적으로는 삶, 공동체, 혹은 세상과 강한 결속력을 가지게 됩니다.

어른들과 달리 아이들은 온갖 곳에서 경외감을 경험합니다. 5분이면 도착할 곳에 한 시간이나 걸려서 오는 동안 낙엽, 벌레, 돌, 진흙 등 경외감을 불러일으키는 아름다운 자연에 흠뻑 빠진 아이의 모습을 상상해보세요. 그러나 세상을 점점 더 많이 알게 될수록 우리는 경외감보다는 자신의 내면 세계에 더 몰입하게 됩니다. 하지만 경외감도 학습할 수 있습니다. 건강과 행복에 유익한 경외감을 키우는 방법은 다음과 같습니다.

경외감 산책: 새로운 장소는 경이로움을 불러일으키고는 합니다. 평소와 다른 경로로 산책해보세요. 전에 보지 못했던 것들을 발견하려고 노력해보세요. 아주 작은 것(식물의 모양, 빛의 패턴, 새소리)에서부터 거대한 것(하늘, 풍경, 소리)에 이르기까지 그 모든 것이 주는 신선한 느낌을 체감해보세요.

경외감을 위한 짧은 휴식: 스트레스를 받을 때 풍경, 영상, 이미지, 소리에 가만히 귀를 기울여보면 어떨까요? 자연스럽게 생기는 경외감을 통해 전해지는 긍정적인 감정을 느껴보세요. 휴대폰을 잠시 내려두고 짧은 휴식을 즐겨봅시다. 업무를 끝내기 전에 5분 정도 멈추거나, 일과 중 정기적으로 2분 정도 멈추어서 경외감을 느껴보기 바랍니다. 마틴 루서 킹의 연설을 듣거나 자연 풍경을 담은 영상, 감동적인 스포츠 장면을 봐도 좋습니다.

경외감을 불러일으키는 경험하기: 경이로움은 우리 주변에 가득합니다. 자연과 사람들과의 관계 안에서 경이로움을 느낄 수 있습니다. 나뭇잎의 변색 과정을 관찰하거나, 박물관이나 갤러리를 방문하여 작품을 감상하는 것도 좋습니다. 다음은 경외감을 쉽게 느낄 수 있는 방법들입니다.

- 나뭇잎 색깔의 변화 등 자연 환경의 변화를 주의 깊게 관찰하기
- 세상과 소통하는 어린이의 모습을 통해 아이들이 느끼는 경외감에 공감하기
- 박물관이나 갤러리에서 시선을 고정하고 작품을 감상하기
- '포토 워크'를 시도해보기. 집이나 밖에서 길을 걸으면서 영감을 주거나 경외심을 불러일으키는 것들을 사진으로 남겨두기
- 건물, 나무, 구름, 달, 별 바라보기

좋은 기분을 우선 순위로!

긍정적인 감정은 행복의 기본 요소입니다. 기분을 좋게 해주고 신체에도 활기를 줍니다. 기쁨, 즐거움, 자부심, 평온함 같은 감정은 뇌와 신체를 자극하여 스트레스를 조절하는 데 도움을 주고 안정적인 마음과 신체를 갖게 해주며, 면역 기능을 활성화해 오래 건강하게 사는 데 큰 영향을 끼칩니다. 기분 좋은 감정을 유지할 때 우리는 행복해질 수 있습니다.

그러나 우리는 긍정적인 감정의 중요성을 잊고 지낼 때가 많습니다. 온종일 기분이 좋기란 어렵습니다. 일이 좋아서가 아니라 재정적으로 안정된 삶을 유지하고자 출근하는 것처럼, 우리가 모든 행동을 좋아서 하는 것은 아닙니다. 그럼에도 우리는 기분을 좋게 만드는 행동들을 삶의 주된 목표로 삼고 일상에서 실천해야 합니다. 하루 업무가 끝난 뒤나 여유가 있을 때만이 아니라 언제나 우선순위에 두어야 합니다. 좋은 감정은 그 자체가 목적이 되어야 합니다.

행복에 대한 잘못된 신념을 바로잡고 훼방꾼들을 내쫓아봅시다. 이들은 일에 대한 집착에 사로잡혀, 잠시 쉬거나 혹은 자신을 위한 시간을 갖는 것을 비생산적이라고 비판하고, 스트레스는 열심히 일한 증거라고 주장하며 우리를 행복하지 못하게 합니다. 행복에 치명타를 가져올 수 있는 잘못된 신념은 바로잡고 삶에 부정적인 영향을 미치지 않도록 해야 합니다. 좋은 기분은 부차적인 목표가 아니라 행복한 삶을 위한 근본적이고 핵심적인 요소가 되어야 합니다. 특히 인간으로서 우리가 타인과 교류하며 잘 지내기 위해서는 꼭 필요합니다.

그럼, 일상에서 이를 어떻게 실천할 수 있을까요? 우선은 기분 좋아지는 활동을 정기적으로 할 필요가 있습니다. 거창하지 않아도 됩니다. 매일 차곡차곡 쌓인 아주 소소한 행동들은 우리 삶의 건강과 행복에 크고도 긍정적인 영향을 미칩니다.

행복 연습 1

일상의 긍정적인 감정을 위한 7가지 재료

긍정적인 감정을 지속적으로 유지하게 해주는 것들은 무엇일까요? 다음은 행복 샌드위치에 들어가야 할 일곱 가지 재료입니다.

1. 신체 활동

신체 활동은 연쇄 반응을 일으키며 긍정적인 기분을 만듭니다. 몸을 움직임으로써 기분을 좋게 해주는 화학 물질이 분비되면 연쇄 작용으로 스트레스가 감소하지요. 그런 환경이 조성되면 뇌는 새로운 연결 고리를 만들기가 쉬워지고, 뇌로 유입되는 혈류가 증가되어 인지력과 사고력이 향상됩니다. 여기에 성취감, 외출, 다른 사람들과의 교류 등을 통해 얻는 심리적 이점까지 고려하면 신체 활동은 행복에 다양하고도 중요한 역할을 담당합니다. 장기적으로 볼 때 얻을 수 있는 신체적 건강까지 생각하면 그 장점은 더욱 커집니다.

운동은 행복도 증가시키지만 불안 증상 및 우울증도 완화해줍니다. 우리가 행복 샌드위치에 운동을 꼭 넣어야 하는 것은 이 때문입니다. 일상생활에서 운동하는 방법은 아주 다양합니다. 걷기, 춤추기, 골프 치기, 롤러스케이트 타기 등 자신에게 맞는 것이라면 무엇이든 하기 바랍니다. 사소한 활동도 좋습니다. 주기적으로 책상에서 일어났다 앉기, 아주 짧은 산책이나 운동도 큰 도움이 됩니다.

2. 녹색, 파란색 공간

코로나 팬데믹이 우리에게 준 교훈이 있다면 탁 트인 공간, 자연(녹색 공간), 물가 주변(파란색 공간)이 특별한 가치를 가지고 있다는 점을 깨닫게 해준 것입니다. 녹색 공간과 파란색 공간은 긍정적인 기분을 향상시키며 부정적인 기분과 스트레스를 완화해줍니다.

3. 음악

음악은 단순히 듣는 것이 아니라 느끼는 것입니다. 흥겨운 음악은 기분을 들뜨게 하고 슬픈 멜로디는 우리를 아득한 세계로 이끌지요. 음악을 듣는 행위는 본질적으로 보람 찬 일입니다. 뇌는 보상 시스템을 작동시켜 다음에 무엇이 나올지 예상하고, 그로 인해 유발되는 즐거운 감각들을 기대합니다. 추억을 불러와 감정을 되살아나게도 하고요. 영국의 록 밴드 펄프Pulp의 노래, 〈코먼 피플Common People〉을 아시나요? 저는 이 노래를 들으면, 아주 오래전에 숲속 한가운데에서 라이브로 이 음악을 즐겼던 축제의 순간으로 되돌아가 기쁨과 자유로움에 몸을 싣고 춤을 춥니다. 우리는 멜로디와 가사에서 의미를 찾으며 감정을 다스리고 마음의 평온을 찾기도 합니다. 음악을 들을 때 함께 하는 활동들, 즉 차에서 목청 높여 노래를 부르거나 요리하면서 춤을 추는 등의 일은 뇌와 신체를 하나로 만들며 우리에게 즐거운 기분을 선사합니다. 음악 듣기는 노력에 비해 효과가 큰 중요한 행복 재료입니다.

4. 놀이, 재미, 웃음

어린이만 노는 것은 아닙니다. 어른도 놀이를 통해 스트레스를 줄이고, 편안해지며 기분이 좋아지니까요. 놀이가 건강에 긍정적인 영향을 준다는 연구들도 있습니다. 어른이 할 만한 놀이로는 어떤 것이 있을까요? 게임, 아이들과 놀기, 친구들과 시간 보내기, 춤 배우기, 옷 입어보기, 색깔 칠하기, 노래하기, 시 쓰기, 혹은 일상생활에서 우스꽝스럽거나 엉뚱한 행동들 찾아내기 등등 어떤 방식으로든 웃고 즐기면 됩니다.

5. 휴식 취하기

오늘은 어떻게 보냈나요? '포기하지 마! 계속 성장해야 해!'라는 마음속 외침을 들으며 자신을 다그쳤나요? 아직까지도 사회는 결과물을 창출해내는 사람을 강자로, 멈추거나 휴식을 선택하는 사람은 약자로 간주합니다. 이러한 사고방식은 행복을 가로막는 독입니다. 잠깐의 멈춤과 자기 성찰이 바람직하지 않은 일로 간주되고 가만히 정지하는 것이 용납되지 않는 사회에서 누가 행복할 수 있을까요? 휴식 시간만큼 업무 시간을 늘려야 한다는 사고방식은 철저히 결과주의적인 생각입니다.

생산적인 활동에는 많은 에너지가 필요하므로 뇌는 즉각 행동할 수 있도록 신체를 준비시킵니다. 이러한 활동들은 우리에게 성취감, 의미, 즐거움을 가져다주곤 하지요. 하지만 지나치게 무리해 균형이 깨지는 것이 문제입니다. 휴식과 회복 없이 신체가 장기간 활성화되면 스트레스를 받는 것은 물론이고, 행복과 건강에도 좋지 않습니다. 건강과 행복에 도움이 되는 방식으로 균형을 맞출 필요가 있습니다.

휴식, 중단, 이완, 멈춤 등도 생산적인 활동입니다. 이를 인지하고 과도하게 활성화된 반응을 진정시켜야 합니다. 휴식 및 소화 시스템이 가동되면, 에너지와 몸의 회복이 가능해집니다.

신체와 뇌에 가장 좋은 휴식은 수면입니다. 건강을 유지하고 안녕감과 행복을 가져오는 가장 기본적인 요소이지요. 수면 장애를 겪고 있다면 이를 우선적으로 해결해야 합니다. 정기적인 휴식과 평온한 시간을 가지는 것은 당연하고요. 잠시 멈추고 속도를 늦추어 몸과 마음을 편히 쉬게 해주세요.

6. 호기심과 학습

'호기심이 호랑이를 죽인다'라는 말이 있지만 저는 동의하지 않습니다. 이 말은 어디까지나 호기심의 부정적인 면을 강조한 것이지요. 건강한 호기심은 끊임없이 신경 세포의 연결을 만들어내서 새로운 정보를 받아들이게 해 뇌를 활성화시키고 말 그대로 뇌를 성장시킵니다. 호기심과 학습은 뇌를 키우는 영양제입니다.

학습은 집중력, 의미, 성취감을 유도하고 우리에게 자부심과 기쁨, 평온함을 선물합니다. 좋은 기분도 들게 하고요. 시험이나 특정 커리큘럼을 이수하는 것만이 학습은 아닙니다. 일상에서 새로운 것을 배우고 발견하는 행위는 모두 다 학습이에요. 사람들에 대해 알아가거나, 새로운 산책로를 찾거나, 해보지 않은 취미를 시도해보는 등 마음을 열고 정보를 받아들이기 바랍니다. 뇌는 그런 우리를 분명 사랑할 것입니다.

7. 음식

음식은 우리의 기분을 좌우할 만큼 큰 영향을 미칩니다. 에너지를 제공하여 뇌와 신체가 건강하게 작동할 수 있도록 해주고 다른 행동에 필요한 에너지와 필수 요소를 제공한다는 점에서 가장 기초 재료이기도 하지요. 수분이 부족하고 허기지면 뇌는 절대 행복할 수 없습니다.

영양적인 면을 생각하지 않더라도 먹고 마시는 일이 가져다주는 기쁨을 생각해보세요. 맛있는 음식을 섭취하는 동안에는 머리 아픈 생각을 멈추고 그 시간 자체를 즐기면 어떨까요? 하루를 어떻게 보낼지 생각해보며 행복을 꿈꿔보면 어떨까요? 진심으로 집중해서 맛있게 먹고, 음식을 통해 영양소를 섭취하고, 천천히 음미하면서 먹으면 행복의 크기를 키울 수 있습니다. 맛있는 음식을 먹으면 부정적인 생각도 잊게 됩니다. '맛있다!'는 느낌 하나면 기분이 좋아지고, 행복해집니다.

일상 속 기쁨의 순간 만들기

건강과 행복을 위해서는 일상 속에서 우리를 기분 좋게 하는 일들이 자주 일어나야 합니다. 작은 일상의 기쁨들을 계획하는 것부터 시작합시다. 80쪽에 있는 그림에서 힌트를 얻어 좋은 감정을 위한 계획들로 하루를 채워보세요. 일단은 세 가지를 추천하지만, 많으면 많을수록 좋습니다! 이 과정이 부담스럽다면, 먼저 이러한 생각을 방해하는 훼방꾼들을 확인하고(49쪽의 그림을 통해 도움을 받으세요), 그것들을 어떻게 관리할 수 있을지 고민해보세요.

감정의 2가지 경로

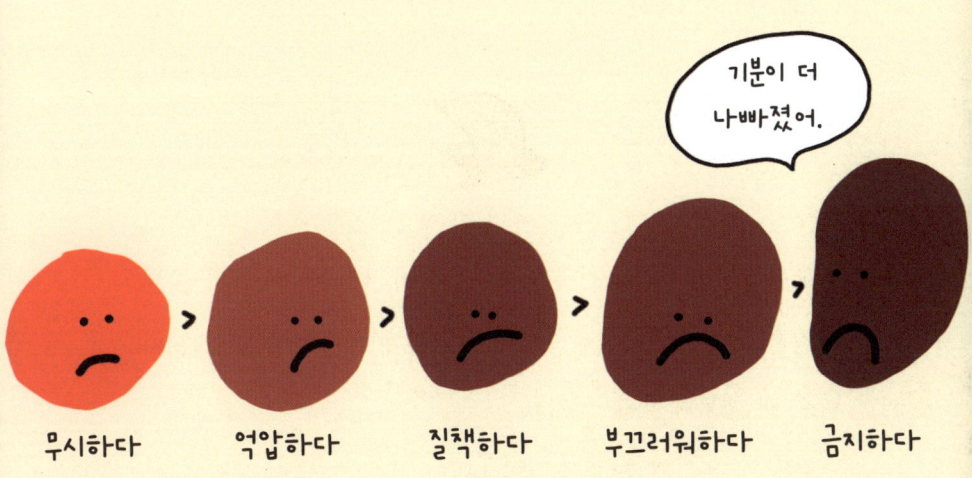

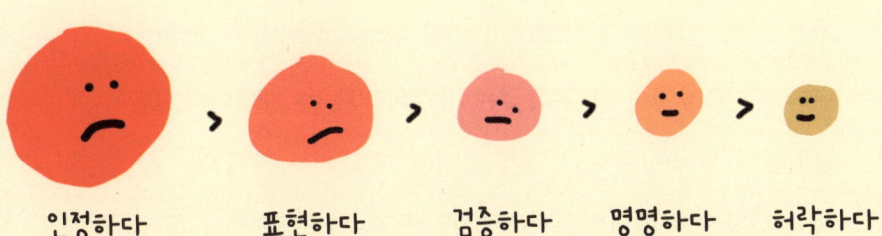

힘든 감정에 대처하는 방법

행복하기만 한 인생이란 불가능하며, 어려움을 겪지 않는 사람은 없습니다. 힘든 감정에 슬기롭게 대응하며 위기를 지나갈 때 행복해질 수 있지요.

감정은 우리의 느낌을 말합니다. 인간의 기본 감정은 두 개의 연속체 모형을 가집니다. 유쾌함에서 불쾌감으로 이어지는 모형, 그리고 활성화에서 비활성화로 이어지는 모형이지요. 이 모형에서 모든 감정은 각각의 기능을 가집니다. 면접처럼 인생에서 중요한 일을 준비할 때 느끼는 두려움은 신체를 긴장시켜 에너지를 집중하게 만듭니다. 일상에서 겪는 슬픔도 어찌 보면 우리의 삶을 되돌아보게 하는 계기를 주고요. 오히려 슬픔을 통해 상황을 반추하면서 편안해질 수도 있습니다.

 기본적으로 우리가 느끼는 감정은 같다 해도, 그 정도와 경험하는 시점은 제각각입니다. 뇌는 과거의 경험을 바탕으로 현재 상황에 대처하는데, 나쁜 인간관계 때문에 고통스러웠던 경험이 있다면 뇌는 미래에도 사람과 관계를 맺을 때 조심할 것입니다. 똑같은 사건이 벌어지더라도 사람마다 느끼는 감정이 다르기도 합니다. 어떤 사람이 극도의 행복감을 느끼는 상황에서 두려움을 호소하는 사람도 있을 수 있습니다. 혹은 한 사건을 두고 한 사람이 여러 감정을 동시에 느낄 수도 있고요.

 감정과 느낌은 좋든 나쁘든 밀물과 썰물처럼 몰려왔다가 사라지게 되어 있고, 감정이 생기는 것 자체를 막는 것은 불가능합니다. 자연스러운 일이기 때문이지요. 그럼에도 우리는 감정을 통제하려 합니다. 두려움이 생기면 이를 밀쳐내려 하고, 슬플 때는 그냥 이겨내자고 자신을 달래기도 하고요. 하지만 감정을 통제하기보다는 어떻게 대응할 것인가를 알아야 합니다. 어떤 감정이 생겨날지를 정할 수는 없지만 대응 방식은 정할 수 있고, 이를 바탕으로 안녕감과 행복을 키울 수 있기 때문입니다.

그럼 우리는 어떻게 감정을 알아차리는 걸까요? 어쩌면 자기 감정을 파악하는 일부터 피하고 싶을 수 있습니다. 그러나 감정을 알아야 다룰 수 있고, 자신의 감정과 친해지려면 주의를 기울여 인지하고 표현해야 해요. 먼저 신체에서 일어나는 변화에 주의를 기울여보세요. '지금 이 감정은 뭐지?', '그래서 내 기분은 어떻지?'라고 물음으로써 자각해야 합니다. 그다음은 감정의 정체를 파악해보세요. 감정을 세부적으로 분류하고 이름을 정하면 이해하는 데 도움이 됩니다. 분류는 세밀할수록 좋습니다. 부정적인 감정을 세밀하게 구분하는 사람은 감정 조절에 능숙하다는 연구 결과도 있습니다.

자, 감정을 발견하고 그 감정에 이름을 붙였다면 친해지는 데 어느 정도 성공한 것입니다. 그다음 과정은 뭘까요? 우리는 나쁜 기분을 느끼고 싶어 하지 않고, 부정적인 감정에서 벗어나고자 하지요. 하지만 자연스러운 현상을 인위적으로 억누르기만 하면 오히려 반발이 거세질 뿐입니다. 감정을 억누르면 더 거세게 튀어 올라 부메랑이 돼서 돌아오는 '역설적 과정'을 거치게 됩니다. 연구에 따르면 스트레스도 높아진다고 해요.

반대로, 표현은 감정을 처리하는 데 도움을 줍니다. 자신에게 도움이 되는 방식으로 감정을 표출해봅시다. 그럼 감정을 다른 각도에서 바라볼 수 있고, 통합적인 판단이 가능해지며, 다른 정보를 이용하여 감정을 적절히 처리할 수 있게 될 것입니다. 감정을 표현하고 처리하는 방법은 생각하기, 말하기, 글로 적기 등 다양한 형태가 있습니다.

감정에 대한 우리의 관점은 감정이 생겨날 때 우리의 행동과 생각의 방향을 정합니다. 우리가 일생 동안 들었던 이야기를 통해 형성되는데 특히 어린 시절에 들은 것들이 중요한 역할을 하지요. 특정 감정이 '좋다' 또는 '나쁘다'고 믿는다면, 이는 그 감정이 발생했을 때 우리가 스스로를 판단하는 법, 그 감정을 얼마나 받아들일 것인지, 어떤 행동을 할 것인지 등에 영향을 미칩니다. 연구에 따르면 감정을 수용하는 것이 정신 건강에 도움이 된다고 합니다. 마지막으로, 감정을 경험할 때 우리가 할 수 있는 실질적인 일이 있다고 느끼면('행복 연습'에서 확인할 수 있습니다) 감정을 통제할 수 없다고 생각할 때보다 기분이 더 좋아진다고 해요.

이제 '행복 연습'을 통해 감정에 대응하는 방법을 찾아봅시다.

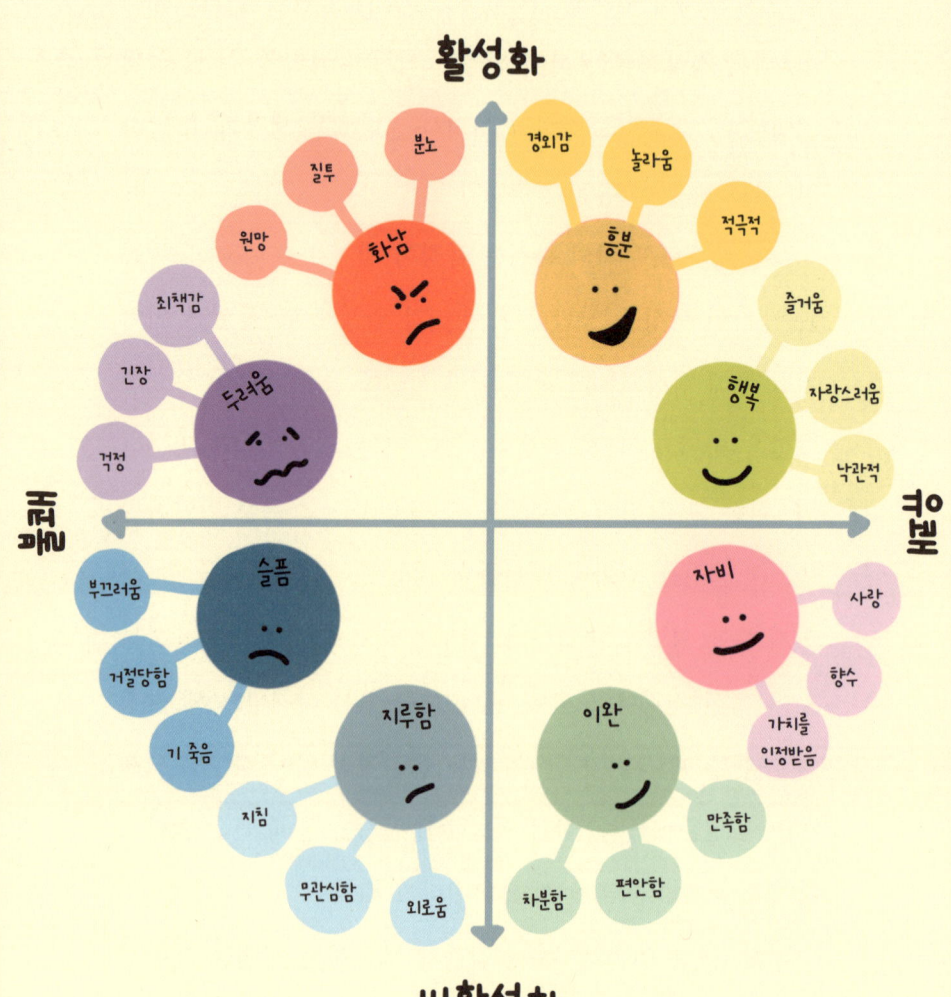

감정 인식하고 분류하기

감정을 구체적으로 인식해봅시다. 지금 어떤 감정을 느끼고 있나요? 이전 페이지의 그림에서 찾아보고 해당하는 구체적인 감정을 확인해보세요. 감정을 나타내는 다른 표현을 새로 만들어도 좋습니다. 자신의 감정을 정확하게 설명하는 표현을 찾아보기 바랍니다.

감정 표현하고 처리하기

감정에 어떻게 대응할지 생각해봅시다. 감정을 숨기는 편인가요? 억누르거나 마음속 깊은 곳에 감춰두나요? 왜 그러는지 이유를 생각해본 적은 있나요?

오랫동안 억눌렀던 불편한 감정을 꺼내놓는 것은 어려운 일입니다. 만일 문제가 심각하다면 전문가와 상의하기 바랍니다. 감정은 생길 때마다 표현하고 처리해야 합니다. 감정을 표현하는 데 도움이 되는 행동들을 소개할게요.

- 감정을 글로 적기
- 신뢰할 수 있는 사람과 이야기하기
- 감정에 대해 곰곰이 생각해보고 어떻게 대응할지 고민하기
- 지금 느끼는 감정을 만든 요인이 무엇인지 다이어그램으로 작성하기
- 감정을 그림으로 표현하기
- 감정으로 이야기 만들기

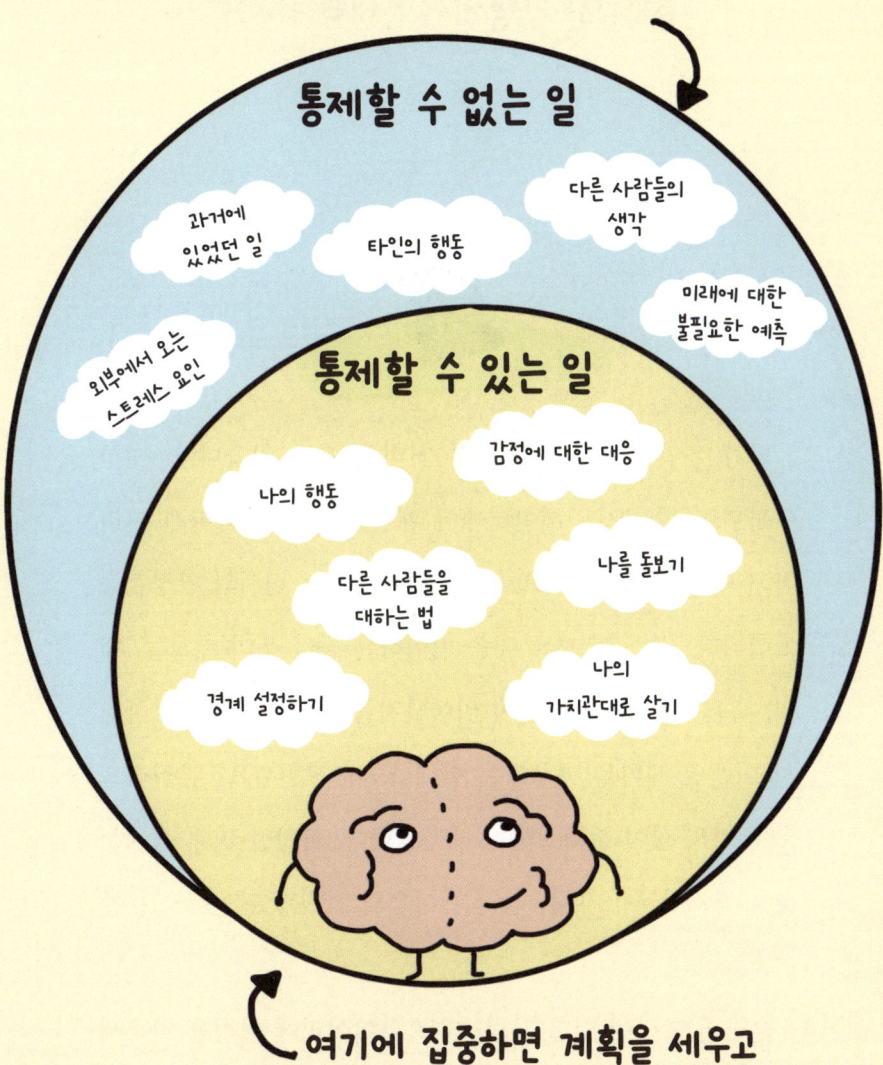

불확실한 인생에서 통제력 키우기

뇌가 유입되는 정보를 전부 처리할 수는 없습니다. 대신 무작위로 들어오는 데이터에서 패턴을 찾아 신속하게 처리하고 미래를 예측하지요. 이를 통해 우리는 질서와 안정감을 느낍니다. 뇌가 이 모든 것을 처리하는 동안 우리는 오늘, 내일, 혹은 내년에 어떤 일이 일어날지를 거시적으로 생각하면서 미래의 계획을 세우고는 합니다. 왜 그럴까요? 본질적으로 우리의 삶이 불확실하기 때문입니다. 불안한 미래 속에서 삶을 통제할 수 있다는 감각은 마음의 안정과 편안한 기분을 안겨줍니다.

온라인 달력이 없던 시절, 저는 다이어리에 일정을 기록해 두곤 했습니다. 정기적으로 하는 일, 약속, 할 일 등을 적어두면 심리적으로 안정이 됐는데, 어느 날 그 다이어리를 잃어버려 공황 상태에 빠졌던 적이 있습니다. 다이어리가 사라지니 불안해진 것입니다. 루틴, 하루 계획, 할 일 목록 등은 통제감을 줍니다. 미래를 위한 계획도 마찬가지입니다. 우리는 미래에 일어날 일을 나름대로 예측함으로써 불확실성을 효과적으로 통제하고 있습니다. 코로나19로 인한 팬데믹이 시작되면서 우리는 여러 가지 면에서 통제 불능 상태에 빠졌지요. 그 원인 중 하나는 미래에 대한 확신이 사라졌기 때문입니다. 다음에 발생할 일을 예측할 수 없고, 그래서 계획을 세울 수 없으니 불안해진 것입니다.

불확실성은 우리를 불안하게 합니다. 자신이 하는 일이 어떤 가치와 목적을 가지는지 모르면 불안할 수밖에 없겠지요. 직장에서 자신이 하는 업무의 목적을 알지 못한다면 기분이 어떨까요? 의심, 불안, 스트레스로 힘들 것입니다.

이렇게 감정이 복잡할 때 통제감을 갖는 것은 우리 마음을 더 관대하게 만들고 감정을 억누를 가능성을 낮춥니다. 실험 결과에 따르면 사람들은 미래에 어떤 일이 일어날지 모르는 것보다 전기 충격 같은 나쁜 일일지라도 무슨 일이 일어날지 알 때 스트레스를 덜 받는다고 합니다. 미래를 모르는 불안감은 다른 불필요한 걱정거리를 만들기도 하고 잘못된 정보로 불안을 키우기도 합니다. 뇌에도 부담을 가중시킬 수 있습니다. 뇌는 유입된 정보를 바탕으로 판단을 내리는데, 정보가 없는 상태에서는 어떤 결정도 내리기 어렵기 때문입니다.

지나친 주인의식도 좋지 않습니다. 기분 좋은 감정이 들 정도가 적절합니다. 모든 것을 내 탓으로 돌리는 지나친 주인의식은 위험합니다. 살짝만 궤도를 벗어나도 자신을 자책하게끔 하거든요. 자녀가 삶의 일부분이 되는 경우가 아주 좋은 예입니다. 이런 사람은 자녀가 자신의 뜻에 부응하지 않을 때 과도하게 실망할 수 있습니다. 아예 불확실한 상황 자체를 회피하는 사람도 있습니다. 그러나 그런 상황을 맞닥뜨리지 않을 때 행복과 더 가까워진다는 생각은 우리를 구속할 뿐입니다. 불확실성을 헤쳐나갈 기회조차 없이 잘못된 신념의 세계에서 한 발자국도 벗어날 수 없게 될 것입니다.

통제할 수 없는 상황이 닥치면 기분이 나빠지는 것은 당연합니다. 너무나 많은 스트레스 요인들이 밀려오고, 무기력하고, 자제력의 한계를 마주하면 더 커다란 스트레스가 마음속에 둥지를 틉니다. 거대한 시련이 다가올 때 우리는 종종 기존의 프레임 안에서 이를 이해하는 데 어려움을 겪고 대응책을 찾지 못합니다. 종종 이런 일은 우리의 신념 체계마저 흔들기도 하고요. 이런 불확실성 속에서 살아가다 보면 뇌는 해결책을 찾기 위해 자원과 에너지를 사용하면서 스트레스를 받게 됩니다.

이어지는 '행복 연습'은 이런 어려운 상황에서도 통제력을 키우고 불확실한 감정을 견딜 수 있도록 도와줄 것입니다.

루틴 만들기

루틴을 만들면 미래를 예측할 수 있고 통제력이 생기므로 뇌에 도움이 됩니다. 루틴대로 실행하고 생각하지 않아도 되니 뇌가 큰 부담을 덜게 되는 것이지요. 사람마다 선호하는 루틴은 다르겠지만, 규칙적인 생활이 필요한 부분에는 반복적인 행동을 습관화해야 합니다.

- 취침 전(수면 준비) 루틴: 잠들 것이라는 신호를 뇌에 보내고 쉽게 잘 수 있습니다.
- 업무 종료 루틴: 하루를 정리하고 업무와 개인 생활 사이의 경계를 설정하는 데 도움을 줍니다. 다음 날 해야 할 일을 목록으로 작성하거나, 퇴근 후 뇌를 전환하기 위해 산책을 하는 등의 방법이 도움이 됩니다.
- 계획 세우기: 미리 시간을 분배해 계획을 세워두면 인지적 부담과 스트레스를 줄이는 데 도움이 됩니다. 다이어리나 일정표 등을 활용하여 미래를 계획해보세요. 하고 싶은 일을 포함시켜도 좋습니다. 보상받을 거라는 기대에 기분이 좋아집니다.

자, 그럼 자신에게 유익하고 기쁨을 주는 루틴을 만들어보세요!

유연하게 생각하기

새로운 경험을 하고 변화를 거치는 것은 인생에서 늘 있는 일입니다. 예측 불가능한 상황을 관리하고 거기에 적응하는 능력이 중요한 이유입니다.

계획대로 일이 되지 않을 때 열린 마음으로 생각을 전환할 수 있는 능력을 인지적 유연성cognitive flexibility이라고 합니다. 유연성은 문제나 상황에 여러 해결책이나 대응 방법이 있다는 것을 인지하는 능력을 말하며, 우리가 끊임없이 변화하는 환경에 적응할 수 있도록 도와줍니다. 한 가지 방식이나 해결책에 얽매이거나 그것을 고집하면 비현실적인 기대가 커지는 부작용이 나타나 불안감이 커질 수 있습니다. 다양한 행동방안과 결말을 수용하면 당장은 불편할 수 있지만 장기적으로는 행복에 큰 도움이 됩니다. 다음은 유연성을 넓히는 몇 가지 팁입니다.

🌸 상황이나 문제를 다른 방식으로 바라보세요. 같은 상황에서 다른

사람들은 어떻게 생각할까요?

- 업무나 과제 수행 중 문제를 해결해야 하거나 막히는 부분이 있을 때 자신과 다른 관점이나 아이디어를 가진 사람에게 조언을 구해 보세요.

- 자신과 다른 견해를 무조건 배제하지 말고, 설명을 주의 깊게 들어 보세요(동의는 못 하더라도 이해는 할 수 있습니다).

- 상황이 예상대로 전개되지 않을 때 고집스럽게 한 가지 방법을 고수하지 말고 새로운 정보를 기반으로 가능한 대응책을 다시 생각해보세요.

- "잘 모르겠습니다"라고 말하는 것을 두려워하지 말고, 꼭 정답이나 해결책을 제시해야 한다는 압박감에서 벗어나세요.

불확실성 견디기(걱정 나무 이용하기)

뇌는 불확실성을 위협으로 간주하고 미지의 영역을 이해해 이를 해결하고자 합니다. 그러나 불확실성을 줄이려고 미지의 영역을 부정확한 정보로 채우다 오히려 불안감이 커지는 경우도 많습니다. 최악의 시나리오 예측하기, 끝없는 정보 수집(코로나 기간 동안 뉴스 하루 종일 시청하기), 답을 얻을 수 없는 일인데 지속적으로 해답을 찾아내려 애쓰기(구글 검색), 끊임없이 확인받고 싶어 하기 등 미지의 영역을 채우려는 노력이 단기적으로 마음을 편하게 해줄지는 몰라도 불확실성 그 자체를 해결하지는 못하기 때문에 상황은 더 악화될 수 있습니다. 불확실한 생각들을 분류하면 문제 해결에 도움이 될 수 있습니다. 다음 장의 '걱정나무'를 활용하여 해결 방안을 찾아보세요.

통제 가능한 것에 집중하기

인생의 황금기에 있다 해도, 통제하기 어려운 일이 없는 것은 아닙니다. 그러나 완전히 통제할 수는 없어도 주도권을 가지고 중요한 일에 초점을 맞추면 해결할 수 있는 일들은 많습니다. 97쪽 그림에 따라 지금 하는 걱정이 통제가 가능한지, 아닌지 분류하세요. 통제가 가능한 일은 에너지와 주의력을 동원하여 해결하고, 통제가 어려운 일은 어떻게 관리하면 좋을지 생각해보세요.

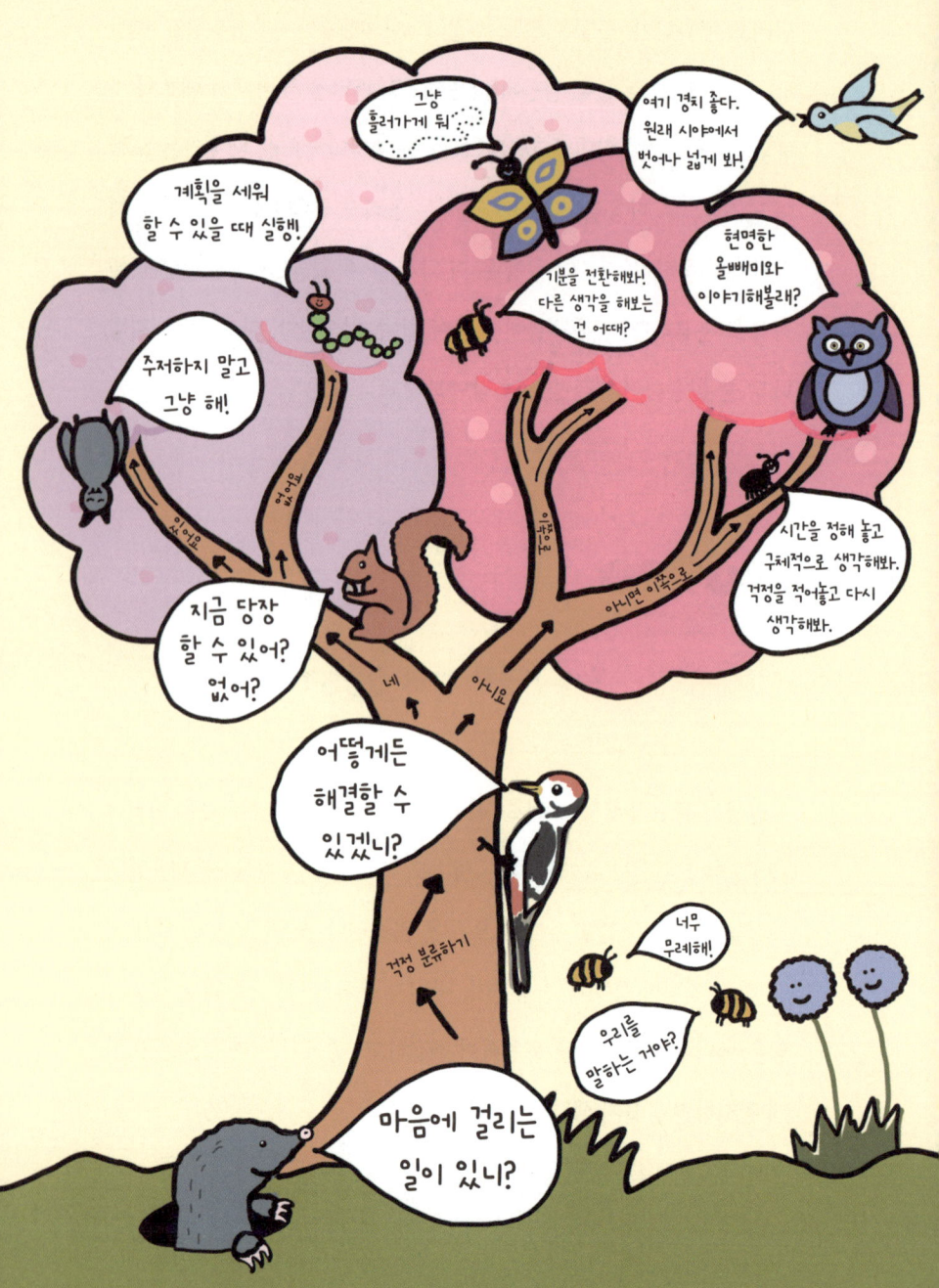

제 3 장
뇌의 속임수에 속지 않는 법

무엇이 우리를 행복하게 만드는지 샌드위치 재료에 대해 살펴봤으니 이제 행복 샌드위치에 영향을 미치는 다른 측면에 대해 생각해보겠습니다. 우리의 신념과 그에 따른 생각은 샌드위치에 무엇을 넣을지를 결정하고 행동에 영향을 줄 뿐만 아니라 우리의 기분에도 직접적으로 영향을 미침으로써 행복에 기여합니다.

이제 우리의 주의력을 생각해봅시다. 주의력에는 한계가 있으며, 이것이 어디로 향하는지에 따라 우리가 무엇을 인식하는지, 따라서 행복 샌드위치에 무엇이 추가되는지가 결정됩니다. 그런데 뇌는 자신이 옳다고 믿는 것, 즉 신념에 부합하는 정보만을 찾기 때문에 그 신념이 행복을 훼방 놓는다면 우리는 점점 불행해질 수밖에 없습니다. 행복해지고 싶다면 신념과 주의력이 언제 우리의 행복을 가로막는지, 어떻게 우리에게 유익한 방향으로 신념과 주의력을 전환할 수 있는지 알아야 합니다. 행복 샌드위치 그림(17쪽)을 활용하여 이에 대한 아이디어를 기록해봅시다.

성공이란?

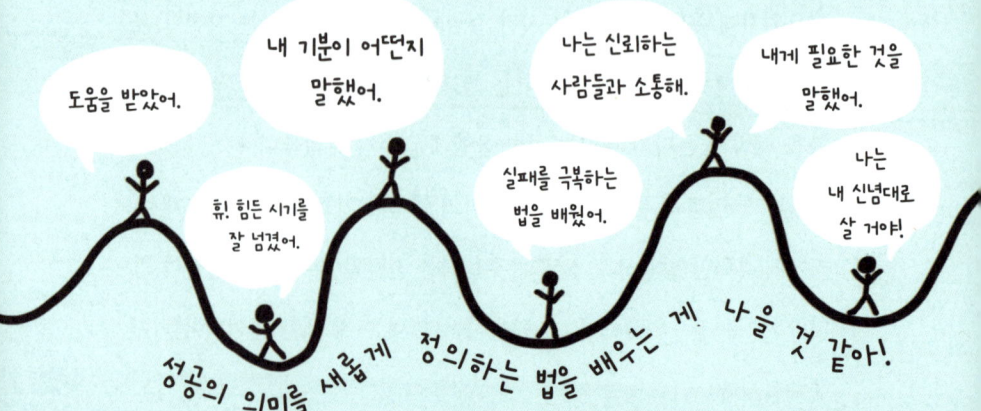

뇌는 집요하게 우리를 속인다

사람들은 "보여줘야 믿는다"라고 말하고는 하지만, 뇌는 믿는 것을 봅니다. 비슷한 것 같지만 이 둘은 상당히 다릅니다. 뇌는 신념 체계를 이용해 세상을 구조화하고 이해하며 예측합니다. 이것들이 우리 삶을 지탱하는 서사가 됩니다. 자신이 알고 있다고 믿는 것, 경험을 통해 얻은 지식을 바탕으로 자신의 인생을 이야기로 만들어나가는 것이지요. 그런데 여기서 문제가 생깁니다. 무엇인가를 알고 있다고 생각할 때 우리는 그 믿음을 뒷받침할 만한 증거를 찾습니다. 만일 제가 '나는 정말 형편없는 임상 심리학자야'라고 믿는다면 저는 이를 증명할 근거들에 주목하게 될 것입니다.

일단 뇌의 활동부터 찬찬히 들여다봅시다. 우리가 하루에 완료한 일 211가지 중에 210가지는 완벽하게 했지만 단 한 가지 일만 잘못했다고 가정해보지요. 그런데 뇌는 '완전 최악이야! 너는 모든 걸 잘못하고 있어!'라고 신호를 보내며 그 한 가지 일에 집착합니다. 우리는 210가지 일을 훌륭하게 수행했고 그로 인해 자신의 역량을 충분히 증명했는데 대체 왜 그럴까요?

뇌는 집요합니다. 거대한 정보의 바다에서 뇌는 자신이 신뢰하는 정보를 강화하는 증거만 수집합니다. 이를 확증 편향 confirmation bias이라고 부릅니다. 제가 좋아하는 심리학 연구 중 상반된 견해를 가진 두 집단에 똑같은 기사를 보여주는 실험이 있습니다. 어떤 결과가 나왔을까요? 흥미롭게도 두 집단 모두 그 기사가 자신이 가진 견해를 지지한다고 응답했습니다. 두 집단 모두 각자의 신념을 강화시키는 정보만 읽은 것입니다. 뇌가 기가 막힌 능력을 발휘하여 그 정보에만 선택적으로 주의를 기울이게 한 것이지요.

뇌가 부정적인 성향의 믿음을 가지고 있다면, 뇌의 기능은 최악으로 치닫습니다. 확증 편향과 부정 편향성이 결합하면? 그 결과는 여러분의 상상에 맡기겠습니다. 수년간의 임상 결과에 따르면, 이럴 경우 뇌는 부정적인 확증을 샅샅이 찾아낼 가능성이 아주 큽니다. 우리가 신념을 가져야 할 이유입니다. 우리가 그 신념을 토대로 뇌의 판단을 밀쳐버리면 뇌도 어쩔 수 없습니다.

우리는 여러 대상에 다양한 믿음과 신념을 가지고 있습니다. 무생물에 대해 엉뚱한 믿음을 가지고 있기도 합니다. 저는 30대가 되어서야 바나나를 얼릴 수 있다는 것을 알았고, 그래서 지금도 쓰레기통에 버린 수많은 바나나들을 아까워하고 있습니다. 인정하고 싶지 않은 믿음이나 신념도 있지요. 수많은 연구는 우리가 인종 차별, 성 차별, 그리고 그 외 다양한 '-주의'로 표현되는 편견을 가지고 있음을 보여줍니다. 물론 행복에 대한 믿음과 신념도 가지고 있습니다.

심리학자들은 신념 체계를 우리가 세상을 이해하는 '구조'라고 생각합니다. 그리고 이 구조는 자신에 대한 것, 타인에 대한 것, 세상에 대한 것이라는 세 가지 범주로 나눌 수 있습니다. 이 신념 체계는 우리 뇌로 유입되는 정보에서 비롯됩니다. 특히 뇌가 발달하는 시기에 유입되는 정보는 그 영향력이 다른 때보다 더 강력합니다. 초기의 애착 관계와 경험은 뇌의 형성 자체에 도움을 주고, 우리의 믿음 체계를 형성하는 데 중요한 역할을 합니다.

신념 체계와 뇌는 정적이지 않습니다. 유년 시절 이후에도 바뀔 수 있고, 아주 강력하거나 부정적인 신념은 이미 존재하는 구조물에 강력한 영향력을 행사합니다. 임상학적 관점에서 볼 때, 아주 힘들거나 해로운 경험을 한 사람은 그 기억이 신념 체계에 강한 여파를 줄 수 있기에 전문가의 도움을 받는 게 좋습니다. 설사 아픈 기억을 객관적으로 바라볼 수 있다 할지라도 위험합니다. 스트레스를 받는 등의 이유로 뇌가 다시 그 기억에 휩쓸려 신념 체계가 혼란해질 수 있기 때문입니다.

이어지는 '행복 연습'을 한다 하더라도 복잡한 뇌의 신념 체계를 완전히 파악할 수는 없습니다. 다만 이를 통해 우리의 신념 체계를 이해하고 그 신념이 보내는 메시지에 주의를 기울인다면, 타당한 의구심이 생길 때 대응할 수 있을 것입니다. 뇌의 신념 체계를 맹목적으로 따르기보다는 올바르고 건강한 신념 체계를 구축해봅시다.

내 이야기 재구성하기

예시) 옛날에 나는
- 완벽해야 했어.
- 도움을 받는 것은 약한 거라고 생각했어.
- 내 감정을 숨겨야 했어.

옛날에 내가 믿은 것들

새로운 신념으로 내 이야기 재구성하기

재구성한 이야기
- 완벽은 실체가 없는 환상이야.
- 모든 사람은 도움이 필요해.
- 느낌을 공유하면 감정을 조절하는 데 도움이 돼.

나의 이야기 재구성하기

　자존감은 우리 자신에 대한 믿음과 그 믿음이 행동에 미치는 영향력을 말합니다. 행복은 타인과 비교했을 때 자신이 가치 있고 동등하다고 믿을 때 찾아옵니다. 이 연습은 기존의 신념을 재구성하는 데 목적이 있습니다. 부정적인 신념을 가지고 있다면 보다 집중해서 해볼 것을 권합니다. 단, 이 연습으로 오랫동안 마음속에 깊이 감춰둔 문제가 해결되기는 어렵습니다. 아주 심각한 문제는 안전한 환경에서 전문가와 함께 해결할 것을 권해드립니다.

1단계: 자기 신념 넘어서기

　신념은 우리가 세상을 바라보는 방법으로, 결국 자신의 정체성, 역량, 세상에서의 위치에 대한 것입니다. 그런데 자신의 신념에 너무 갇혀 있으면 그 안에서만 세상을 바라보게 되고, 행복에도 안 좋은 영향을 미칩니다. 예를 들면, "나는 이런 일을 잘하는 사람이 아니야!" 혹은 "나는 새로운 것을 시도하기에는 너무 나이가 들었어"라고 말함으로써 새로운 도전을 할 기회를 스스로 없애게 되지요. 다음의 질문에 응답해봅시다.

- 당신의 신념 속에 부정적인 말이 있나요? 있다면 무엇인가요? 그 말을 다른 사람에게 해본 적이 있나요? 그 말이 당신을 공정하게 설명하고 있다고 생각하나요?
- 과거에 누군가로부터 그런 말을 들은 적이 있나요? 당신은 정말로 그 말을 믿나요? 아니면 단순히 예전부터 그렇게 믿어온 것뿐인가요?
- 그런 부정적인 믿음을 더 심화시켰던 사례가 있다면 무엇일까요? 혹은 부정적 믿음이 틀렸던 사례를 떠올릴 수 있나요?
- 부정적인 말을 당신을 잘 아는 지인에게 한다면 그 사람은 당신에게 뭐라고 답변할까요?

2단계: 부정적인 신념이 행동에 미치는 영향 살펴보기

자신이 무능력하다고 믿는 사람은 실제 자신의 능력과는 상관없이 자신의 '무능력함'을 숨기기 위해 더 늦게까지 일할 수 있습니다. 부정적인 신념이 자신의 행동에 어떤 영향을 미치는지 생각해보세요.

3단계: 이야기 재구성하기

비판적 사고로 스스로를 성찰해봅시다. 자기 자신을 어떻게 생각하십니까? 남들에게 자신을 어떻게 설명할 건가요? 신뢰할 수 있는 답변을 줄 수 있는 사람에게 자신을 묘사해달라고 해보세요. 단, 이 질문은 당신이 편하게 생각하는 사람에게만 하기를 권합니다.

  이러한 질문은 찬사를 얻고자 함이 아닙니다. 우리 모두는 다른 사람들처럼 훌륭하고, 가치 있고, 실수를 하고, 완벽하지는 않지만 충분히 중요하고 소중한 주체라는 점을 깨닫는 데 목적이 있습니다. 어느 날 문득 자신을 깎아내리는 생각이 떠오르면 이 연습을 바탕으로 어떤 방식으로 대응해야 할지 생각해보세요. '내가 자신을 무능하다고 여기고 있지만, 이것은 예전 생각에서 비롯한 이야기와 감정일 뿐이야'라고 시작해서 '나도 사람이니까 실수를 해. 그렇다고 내가 무능하다고 생각하지는 않아!'라고 끝맺으면 어떨까요? 115쪽 그림에 과거의 신념과 새로운 신념을 적어보세요. 새로운 신념은 미래의 삶을 새롭게 그려줄 것입니다.

성공에 대해 다시 생각하기

  신념은 성공을 위한 행동의 뿌리가 되어줍니다. 그러나 유의할 점이 있습니다. 신념은 사회적 통념의 영향을 받기 때문에, 우리는 성공의 진정한 의미를 고민하기보다는 사회가 요구하는 성공에 더 집착합니다. 기존의 통념에 도전하면서 새로운 성공 기준을 생각하고 아래에 기록해보세요. 사회에서 말하는 성공 기준에 마음이 흔들린다면 새로운 기준을 만들어야 합니다. '내 친구들보다 연봉이 낮으니 나는 실패자야'와 같은 마음이 들면 생각을 멈추세요. 그리고 새로운 기준을 적용하기 바랍니다. 이를테면 '나는 건강한 정신 상태를 유지하고, 행복한 일을 하며, 내가 소중히 여기는 사람들과 시간을 보내고 있어. 이만하면 나는 정말 성공한 거야!' 이렇게 바꾸면 어떨까요?

성공이 정말로 당신에게 의미하는 것은 무엇입니까?

말풍선에 성공의 새로운 기준을 적으세요.

자비에서 오는 행복

자비로울수록 행복해진다

우리 뇌의 깊숙한 곳 어딘가에는 '닌자'가 있습니다. 이 닌자는 부정적인 편견에 부합하는 정보만을 쫓지요. 닌자와 짧게라도 이야기를 주고받아본 사람은 모두 그 닌자가 얼마나 부정적이고 비판적인지를 알 것입니다. 닌자는 자신이 진실을 말하고 있다고 주장하겠지만, 실은 매우 주관적인 판단일 뿐입니다. 이렇듯 우리 모두에게는 자신의 행동에 비판적이고 가혹한 판단을 내리는 부정적 닌자가 있습니다. 부정 편향성에 쏠려 작동되는 닌자의 판단은 신체의 스트레스 반응, 행동, 감정, 생각, 세상과의 상호 작용에 영향을 미칩니다.

닌자를 무조건 없애라고 권하고 싶지는 않습니다. 닌자는 공격당하면 더 강력하게 반격하기 때문입니다. 대신 닌자를 자비롭게 대하고, 부드럽게 이해해보세요. 진정하라고 달래면서 닌자가 다른 관점에서 세상을 볼 수 있도록 도와주는 것이 현명합니다. 생각, 믿음이 모두 자신과 반대일 때, 직접 싸우는 것보다 자비가 더 강력한 대응 방법입니다.

자기 자비self-compassion는 자아를 존중하고 비판하지 않는 것입니다. 자비의 관점에서 보면 실패와 결점도 잘못이 아닙니다. 완벽을 추구하는 이에게 완벽은 불가능함을 일깨워주며, 인간에게 불완전함은 지극히 당연한 것이니 부끄러움 없이 받아들이라고 말해줍니다. 자비는 가혹한 판단과 자아 비판에서 벗어나 이해와 친절로 우리를 인도하는 따뜻한 마음입니다.

자비와 행복은 여러 면에서 맞닿아 있습니다. 자기 자비는 감정을 억제하는 대신 수용할 수 있도록 해주기 때문에 까다로운 감정을 무사히 품을 수 있도록 도와줍니다. 자기 자비심이 높은 사람일수록 불안, 스트레스, 우울증에 노출될 확률이 낮습니다. 자비는 주변 사람들과의 사회적 연결감을 강화시킨다는 점에서 인간관계 개선에도 도움이 될 수 있습니다. 목표를 달성하는 데에도 도움이 되지요. 자신을 자비로 대하는 사람은 자기 개선에 대한 믿음이 있고, 실수를 바로

잡으며, 일이 잘못되어도 목표를 다시 추구할 가능성이 더 크기 때문입니다. 반면에 스트레스와 지나친 우려로 점철된 자기 비판적 사고는 동기부여 없이 목표를 추구하게 함으로써 행복으로 가는 길을 막습니다.

자비는 인생의 어려움으로부터 우리를 보호해줍니다. 비판은 스트레스 메커니즘을 발동시키고 그로 인해 자극받은 뇌와 신체는 연쇄 반응을 일으켜 서로의 기능을 강화해 장기적으로 행복을 우리에게서 멀어지게 합니다. 반면에 자비는 스트레스를 감소시키고 신체의 이완 시스템을 활성화하고 위협 시스템을 비활성화함으로써 신체 조직이 재생하고 회복하는 데 도움을 줍니다.

그렇다면 자비란 무엇이며 어떻게 삶에 적용할 수 있을까요? 대표적인 자기 자비 연구학자 중 한 명인 크리스틴 네프 Kristin Neff는 자비를 세 가지 요소로 설명합니다. 친절 kindness, 보편적 인간성 common humanity, 그리고 마음챙김 mindfulness입니다. 첫 번째는 자신에게 친절한 것입니다. 마음속 닌자가 말하는 것을 듣고 판단하는 대신 자신을 친절하게 대하는 것입니다. 두 번째, 보편적 인간성은 인간이면 누구나 가지는 공통 속성을 인지하는 것입니다. 힘든 경험과 감정, 우울함은 인간이면 누구나 겪게 되는 것이니 자신만 이런 경험을 한다고 판단해 스스로를 고립시키지 말자는 것이지요. 세 번째, 마음챙김은 지금 느끼는 감정을 알아차리고 자신에게 도움이 되는 대응 방법을 찾는 것입니다.

이어지는 '행복 연습'은 자비를 키우는 데 목적이 있습니다. 처음으로 이 연습을 한 사람들은 조금 진부하고 인위적이라고 말하기도 해요. 물론 그런 면이 있기는 하지만 즐겁다는 반응도 많습니다. 충분히 시도해볼 가치가 있으니 지금 시작해봅시다!

 **행복연습 1**

자기 자비 키우기

어려운 상황에서 자신에게 필요한 것이 무엇인지 확인해봅시다.

1. 친구를 어떻게 대하나요?

어려운 시기를 보내고 있는 친구나 소중한 사람을 대하는 방식을 생각해봅시다. 힘들어하는 친구에게 왜 그러냐며 차갑게 대할 건가요? 친구가 견디기 힘든 감정을 겪거나 실수를 했을 때 이를 근거로 그들을 더 낮게 평가하거나 나쁘게 생각하나요?

2. 자신은 어떻게 대하지요?

같은 상황에서 자신을 어떻게 대하는지 생각해봅시다. 같은 상황에 놓였다면 자신에게는 어떤 말을 해주겠습니까? 어떤 행동을 하겠습니까?

3. 차이점을 발견해보세요

위 두 가지 방식에 차이가 있나요? 자신을 대하는 방식을 친구에게도 적용할 수 있을까요? 둘 중 어느 쪽이 더 도움이 될 것 같나요? 어려운 상황에 처해 있다면 어떤 도움이 필요할까요?

4. 자기 자비를 키우세요

어려운 상황에서 자기 자신을 어떻게 대할지 상상해봅시다. 자신에게는 어떤 말이 도움이 될 것 같나요? 어려운 상황에 부딪쳤을 때 기분이 나아지기 위해 어떤 말을 듣고 싶을지, 어떤 말이 자신을 위로할지 생각해봅시다. 같은 상황에서 아이들은 어떤 말을 듣고 싶어 할지, 혹은 자신이 유년 시절로 돌아간다면 어떤 말이 도움이 될지 떠올려봅시다. 힘든 사건이나 불편한 감정이 생기면 자신을 어떤 말과 행동으로 위로할지 생각해보세요. 미리 준비하지 않으면 실제 상황에서 실행에 옮기기 어렵습니다(닌자가 가장 실력을 발휘하는 때가 실전입니다). 120쪽 그림을 보며 도움을 받아봅시다. 혹은 신용카드 크기 정도의 메모지에 대응 방안을 적어놓고 들고 다니며 계속 상기하는 것도 좋은 방법입니다.

5. 일관된 행동을 유지하세요

기분이 나쁠 때 자신을 비난하는 대신 필요한 것이 무엇인지 자신에게 물어보세요. 필요에 맞게 말하고 행동하기 바랍니다. 친구나 어린이를 대할 때처럼 자신을 대하세요.

행복 연습 2

자비를 위한 짧은 휴식

자기 자비의 세 가지 요소를 모두 포함하는 간단한 연습을 해봅시다. 혼자서 시작하기 어렵다면 온라인에 있는 짧은 명상 프로그램의 도움을 받아도 좋습니다. 타라 브랙Tara Brach의 '자기 자비의 RAIN 명상'을 추천합니다. 이 외에 크리스틴 네프의 웹사이트에도 다양한 자료가 있습니다(https://self-compassion.org). 다음은 스트레스를 받을 때, 업무 중일 때, 혹은 매일 규칙적으로 할 수 있는 간단한 연습입니다.

- 하던 일을 멈추고 천천히 숨을 쉬며 자신의 기분을 느껴보세요.
- 감정에 이름을 붙이고, 이를 받아들이세요(129쪽에 있는 보편적 인간성에 관한 이미지를 참고할 수 있습니다).
- 자신을 위로하거나 달래려면 무엇이 필요한지 알아보세요. 자신을 친절한 말과 행동으로 대하세요.

행복연습 3

보편적 인간성 이해하기

힘겨운 시간을 겪게 되면 자신이 남들과 다르고 대처 능력도 부족하다고 느낄 수 있습니다. 감정과 행복에 대한 사회적 신념은 여기서도 영향력을 가집니다. 언제나 대처를 잘하고 행복해야 한다는 신념은 비현실적입니다. 보편적 인간성이라는 개념을 이해하면 누구나 겪는 힘겨운 감정과 고통을 삶의 한 부분으로 받아들여야 함을 알 수 있습니다.

보편적 인간성은 자신의 감정, 대응, 경험을 판단하는 그 순간을 인식하면서 시작됩니다. 그 순간 '이렇게 느끼는 것은 정상적이지 않아', '다른 사람들은 이렇게 느끼지 않을 거야', '나만 이상한 것 아닐까?'라고 판단할 때도 있습니다. 혹은 '내가 더 잘 대처해야 했는데', '다른 사람들은 나보다 더 잘 대처해'처럼 미묘한 아쉬움을 느낄 수도 있지요. 그러나 이런 생각은 자신을 고립시킵니다. 다음 장에 있는 보편적 인간성에 대해 읽어보며 고통, 어려운 감정, 고뇌는 자신이 타인과 다르다는 것을 인식시키는 도구가 아니라, 오히려 타인과 우리를 연결해주는 매개체임을 깨닫기 바랍니다. 이 모든 것은 인간이면 겪는 경험이기 때문입니다. 이를 인식하는 순간, 자신의 갇힌 생각 굴레에서 벗어날 새로운 문구를 추가로 작성하는 것도 좋습니다.

보편적 인간성
인간은 다 그래요.

- 잘못된 말을 해요.
- 나 자신이 쓰레기 같고 슬프고 힘들어요.
- 어른이 됐는데도 무엇을 하고 싶은지 모를 수 있어요.
- 고통스럽고 괴로워요.
- 일을 망쳐요.
- 모든 것이 불확실하고 나 자신을 의심해요.
- 가끔 도움이 필요해요.
- 때때로 나 자신이 정말 형편없다고 느껴요.
- 그냥 대충대충 한다고 느껴요.
- 실수와 실패를 해요.

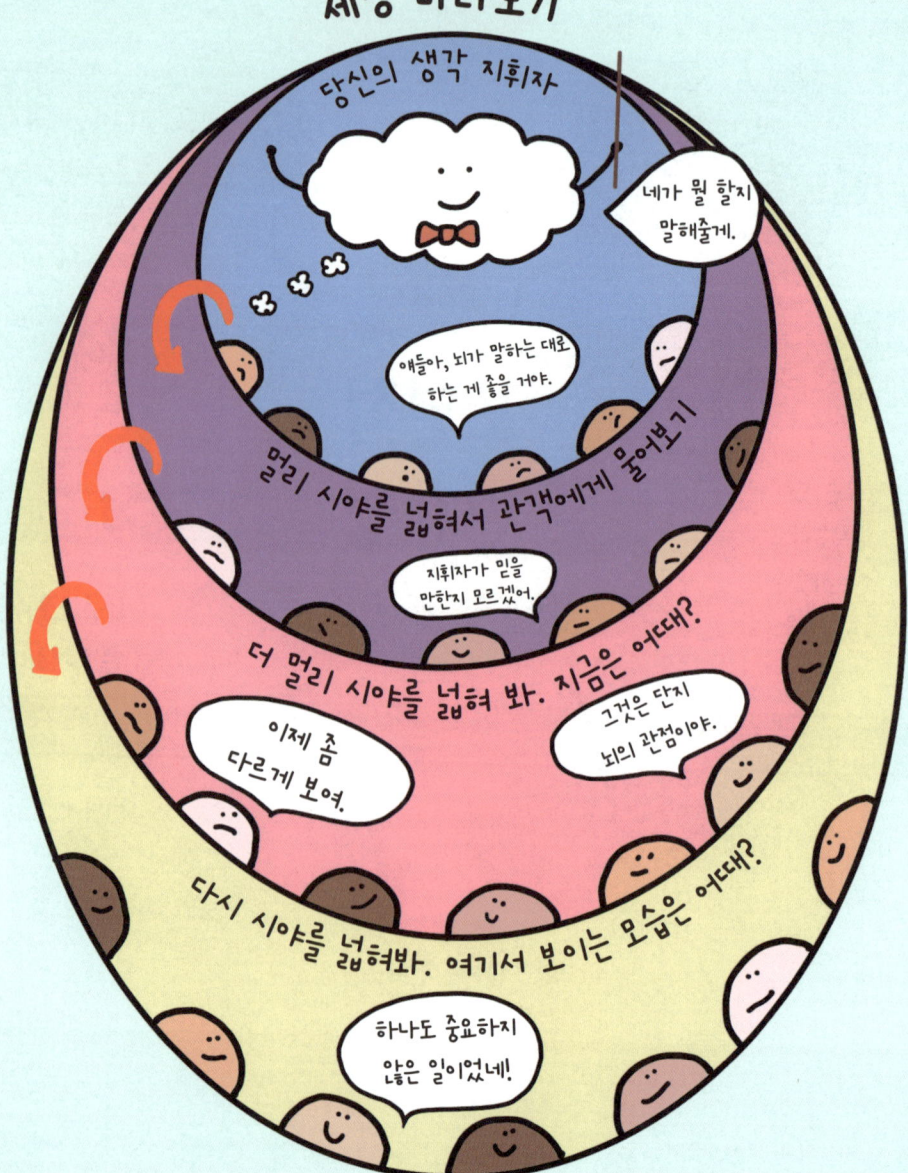

생각 지휘자를 내편으로 만들기

우리의 뇌에는 하루에 수천 가지의 생각이 기차처럼 스쳐 지나갑니다. 생각은 뇌에서 정보를 서로 연결하여 구성되며, 이를 통해 우리는 정보를 구조화하고 이해할 수 있지요. 이러한 생각은 사건의 지휘자라고 볼 수 있기에 행복에 중요합니다. 인생에서 벌어지는 일들을 어떻게 느끼는가는 인식하고 해석하는 방식에 따라 달라지며, 우리의 생각에 영향을 받습니다. 생각은 우리가 삶을 해석하고 반응하고 상호 작용하는 방식을 지휘하며, 오케스트라(즉, 여러분)가 특정한 방식으로 느끼고 행동하도록 합니다. 지휘자가 음악을 특정 방식으로 해석하는 것처럼, 생각도 우리 삶을 나름대로 해석하는 것입니다.

우리는 이미 이 지휘자의 해석이 우리의 감정과 행동에 영향을 미치는 내적 구조, 즉 신념 체계에서 비롯된다는 것을 알고 있습니다. 신념 체계를 파헤치는 것은 어렵지만 그 부산물인 우리의 생각을 발견하는 것은 쉬운 일이지요. 우리가 알아차리고 대응할 수도 있습니다.

어떤 사건은 누구에게나 버겁고 모든 사람에게 슬픈 음악을 만들어내고는 합니다. 그러나 이에 대한 해석과 결과물은 다양할 수 있지요. 시험에서 실패한 것을 곧 삶의 실패와 동일시하며 슬퍼하고 절망하는 사람이 있는가 하면, 힘들긴 하지만 이를 단발적인 사건으로 받아들이는 사람도 있습니다. 혹은 이 실패를 지금까지 잘못 살아왔다는 신호로 받아들여 인생의 전환점으로 삼고 새로운 길을 모색하는 사람도 있을 겁니다. 이처럼 같은 사건이라도 각자의 삶, 경험, 내적 신념 체계 등 다양한 요인들이 복합적으로 작용하기에 해석도 달라질 수 있습니다. 틀린 해석도 없지만 정답도 없습니다.

우리가 특정 방식으로 한 사건을 해석했다고 해서 언제나 같은 방식으로 곡을 연주해야 하는 것은 아닙니다. 지휘자는 우리가 생각한 것보다 더 변화에 열려 있습니다. 생각은 자동적으로 떠오르는 것이기에 지휘자에게 '긍정의 선율'만을 주입할 수는 없지만, 중요한 것은 지휘자를 통해 우리의 사고 패턴을 인식하고 이것이 감정과 행동에 어떤 영향을 미치는지 알 수 있다는 것입니다. 지휘자의 해석을 경청하되 반드시 그 해석에 동의하거나 그 해석을 맹신할 필요는 없는 것입니다. 이 점이 핵심입니다. 시야를 넓혀 대안이 있는지, 도움이 되지 않는 부분은 무엇인지, 더 나은 방향으로 오케스트라를 이끌 다른 해석이 있는지 고민해야 합니다.

행복을 지휘할 수 있을까요? 행복과 안녕감에 더 도움이 되는 생각이나 사건에 대한 해석이 있을까요? 대답은 "예!"입니다. 이를 위해서는 첫째, 생각 지휘자가 있다는 것을 발견하고 그의 의도를 알아차려야 합니다. 그러면 한발 물러서서 관객의 관점에서 바라봄으로써 곡을 다르게 해석할 여지가 있는지 생각해볼 수 있을 것입니다. 관객 한 명 한 명이 오케스트라의 음악을 달리 해석하는 것처럼, 다양한 이야기들을 듣게 되겠지요. 둘째, 관객의 다양한 관점을 받아들여 생각 지휘자의 사고를 유연하게 만들어야 합니다. 이를 통해 우리가 알고 있던 방식 외의 대안을 얻게 될 것입니다.

지휘자의 해석(생각의 내용)은 중요합니다. 앞서 자비에 대해 살펴보면서 말했듯 자신에게 비판적이고 가혹한 판단을 내리는 습관은 뇌와 신체에 스트레스를 주고, 음악을 마주하기보다 숨고 싶어지게 만듭니다. 그러나 행복에 도움이 되는 대응 방식이 있습니다. 이를 '낙관적 설명 양식 optimistic explanatory style'이라고 합니다. 낙관주의가 다소 멀게 느껴지신다면 작가이자 자선가인 한스 로슬링 Hans Rosling이 명명한 '기능주의자 possibilist'의 사고로 받아들여도 됩니다. 이러한 방식은 어려운 시기에 앞으로 나아갈 길과 해결책을 찾는 데 도움을 줍니다. 낙관주의가 비현실적으로 느껴질 수도 있겠지만 이것을 개방적이고 현실적인 사고방식으로 받아들여보세요. 낙관주의는 더 많은 유연성과 가능성을 갖게 합니다.

낙관적 설명 양식은 어려운 도전이 닥칠 때 세 가지 관점으로 극복하기를 제안합니다. 외부적 관점(모든 것이 나의 잘못은 아니다), 일시적 관점(이 일이 미래에도 계속될지는 확신할 수 없다), 한정적 관점(이 일이 일생 전체를 정의하지는 않는다)이 바로 그것입니다. 낙관적 설명 양식은 어려운 일들이 일어났을 때 잘못을 자신의 탓으로 돌리지 않고 사건이 지속적으로 일어나 삶을 지배할 거라는 생각을 거부합니다. 반면, 무력감 helplessness이라 불리는 사고방식에서는 모든 게 반대입니다. 내부적 관점(모든 것이 나의 잘못이다), 영구적 관점(상황은 절대 변하지 않을 것이다), 그리고 전반적 관점(이것이 내 삶 전체를 결정한다)으로 구성된 이 방식은 말 그대로 우리를 무력감에 빠지게 하지요.

낙관적 설명 양식은 행복, 스트레스에 대한 적응력, 어려운 일을 이겨내는 회복력에도 긍정적인 영향을 미치며 행복에도 도움을 줍니다. 더 건강하게 오래 사는 데에도 영향을 미치고요. 우리가 사고방식을 바꿀 수 있을까요? 적어도 제가 임상 시험을 통해 직접 목격한 바에 따르면, 그렇습니다. 우리는 자신에 대한 설명 방식을 스스로에게 유리하게 바꿀 수 있습니다.

다음의 '행복 연습'을 통해 행복에 도움이 되지 않는 생각 방식을 식별해내고 행복과 조화를 이루는 생각 방식을 만들어봅시다.

행복 연습 1

사건을 다른 관점에서 바라보기

　기존의 생각에서 벗어나 시야를 넓히고 사건을 다른 관점에서 바라봅시다. 130쪽 그림을 보고 마음속 생각 지휘자가 하는 말을 들어보세요. 그런 다음 단계별로 관객의 생각과 말을 들으며 원래 생각에서 벗어나보세요. 처음의 해석을 고수하는 게 좋을까요, 아니면 다른 관점에서 상황을 바라보는 게 좋을까요?

　처음의 해석은 오랜 신념 체계에서 비롯되었기 때문에 설사 극단적으로 편향되어 있거나 도움이 되지 않는다 하더라도 자연스럽게 받아들여지는 경향이 있습니다. 그러나 이제 그 틀에서 벗어나 시야를 넓혀봅시다. 오케스트라를 이끌어 삶을 설계하기 위해서는 어떤 관점이 좋을지 생각해보아야 합니다.

　지휘자가 생각의 초점을 어디에 맞추었는지도 중요합니다. 그 초점에 얼마나 갇혀 있는지가 우리 기분에 큰 영향을 미치기 때문입니다. 만일 생각 지휘자가 〈추억의 반추〉라는 곡만 지휘하며 끊임없이 과거만 바라본다면 생각은 과거에만 얽매여 있게 될 것입니다. 이와는 반대로 그가 〈완전 최악이 될 것 같아!〉라는 곡만 지휘한다면, 생각은 근심으로 휩싸이고 가본 적 없는 미래의 공간마저 근심으로 채워질 테고요.

이렇게 지휘자의 머릿속에 과거나 미래만 들어 있다면 오케스트라의 연주는 엉망이 될 수밖에 없습니다. 생각 지휘자가 과거나 미래에 집착하고 있다면 얼른 벗어나야 합니다. 만일 지휘자가 과거나 미래에 있다는 것을 인지했다면 서둘러 106쪽의 '걱정 나무' 연습과 다음 장의 '행복 연습 3'을 해보기 바랍니다.

낙관적 설명 양식 만들기

다음은 스트레스를 주는 어려운 사건을 설명하는 데 좋은 생각 방식입니다. 이를 통해 상황을 바라보는 방법을 바꿔보세요.

나는 지금 상황을 아래처럼 해석하고 있는 거지?

내부적
내 탓이야.

영구적
절대 바뀌지 않을 거야.

전반적
삶 전체를 결정할 거야.

상황을 아래와 같은 관점에서 바라볼 수 있을까?

외부적
이 사건이 정말 전부 나 때문일까?
다른 요인은 생각할 수 없는 걸까?

일시적
이 일이 정말 영원히 반복될까?

한정적
이 사건이 정말 내 삶을 결정할까?

행복 연습 3

반추하는 버릇에서 벗어나기

반추란 걱정으로 가득 찬 햄스터 바퀴를 달리는 것 같은 행위입니다. 끊임없이 달려도 해결책에는 도달하지 못하지요. 이 과정에서 우리는 더 많은 걱정, 불안, 우울감에 뒤덮이고, 반추와 부정적 사고는 서로를 강화해 악순환의 고리를 형성합니다. 걱정을 덜어내려는 노력이 오히려 역효과를 초래해 햄스터 바퀴에 갇혀버리는 것입니다. 다음 장의 그림을 활용하여 반추의 순간을 포착하고 걱정을 효율적으로 관리할 방법을 찾아봅시다.

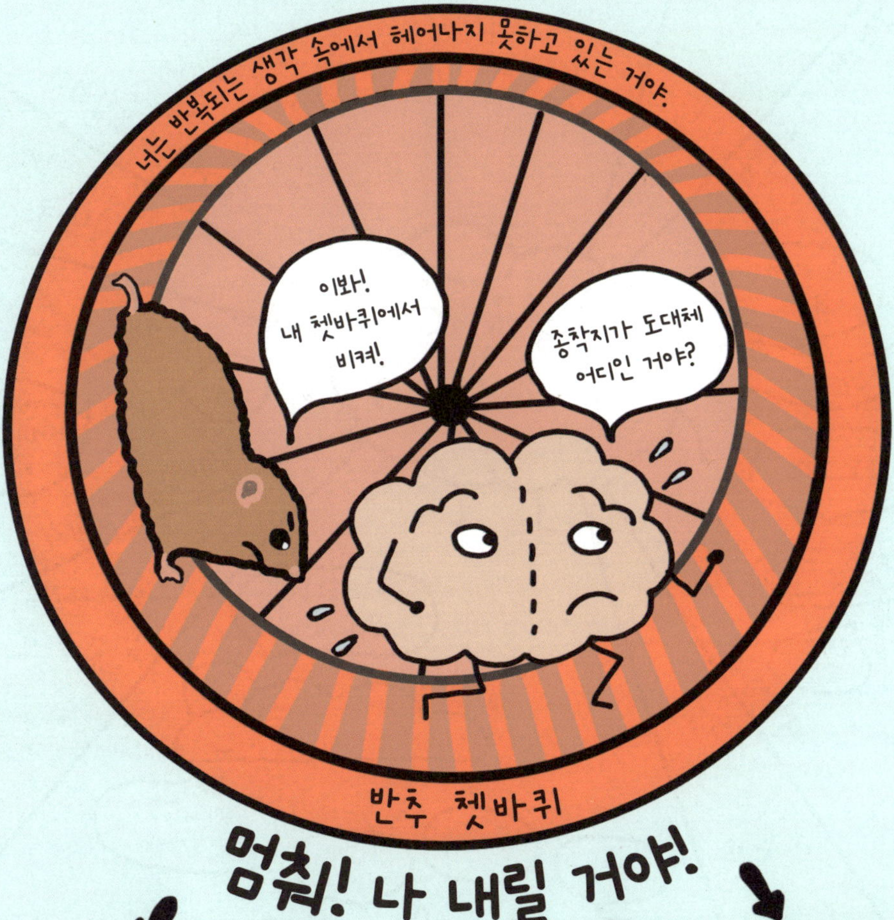

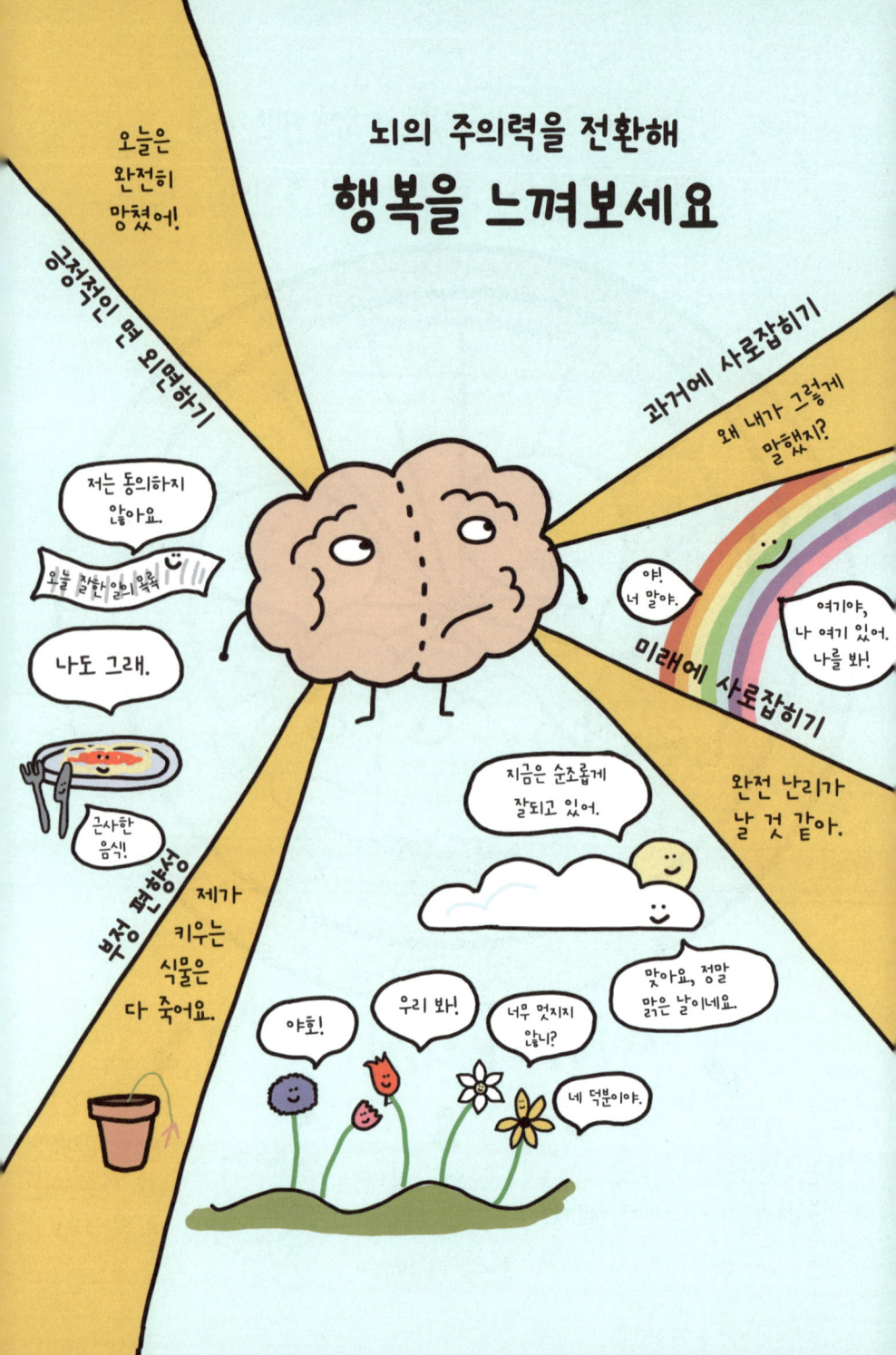

좋은 일들을 더 많이 음미하라

주의력은 행복 샌드위치를 만드는 데 중요한 자원이지만, 처리할 수 있는 정보량이 제한적이라는 단점이 있습니다. 주의력은 스포트라이트와 같습니다. 스포트라이트가 닿지 않는 부분의 정보는 주의를 끌지 못하지만 닿은 부분에서 포착된 정보는 머릿속에 저장될 가능성이 아주 높습니다.

주의력은 현명하게 배분해야 합니다. 무한정 유입되는 자극에 소진되지 않도록 아껴야 하는 거지요. 뇌는 부정 편향성 때문에 좋지 않은 정보에 더 민감합니다. 이미 알고 있는 정보보다는 새로운 정보에 더 많이 주의를 기울이며, 그 정보를 가지고 무엇을 할지, 어떻게 안전하게 변화에 적응할지 결정하지요. 이때 뇌는 기존 신념 체계에 부합하는 정보에 더 많이 주의를 기울이고, 그렇지 않은 정보는 배제합니다. 예를 들어 임신을 계획하는 사람의 눈에는 임산부만 보이게 됩니다. 뇌가 주의를 기울이고 있기 때문입니다.

행복 샌드위치를 만들 때도 마찬가지입니다. 어디에 어떻게 주의력을 배분하는가는 중요합니다. 신념은 일상에서 우리가 받아들이는 것뿐만 아니라 샌드위치 자체에 얼마나 주의를 기울이는가 또한 결정합니다. 그 신념을 바탕으로 어떻게 주의력을 배분하느냐에 따라 샌드위치는 계속 커질 수도 있고, 삶의 무게에 밀려 냉장고 한쪽 구석에서 방치되어 결국 아무런 쓸모가 없어질 수도 있습니다.

주의력은 관리할 수 있습니다. 다음 '행복 연습'을 통해 주의력을 사용하여 안녕감을 극대화하고 행복 샌드위치에 효과적으로 기여하는 방법을 알아봅시다.

부정 편향성 극복하기

우리의 주의력은 위협과 부정적인 정보에 이끌립니다. 심리학자이기도 한 어떤 작가가 독자로부터 평가를 받았다고 가정해봅시다. 아마 그는 수백 개의 별 5개보다는 얼마 안 되는 별 1개에 눈길이 갈 것입니다. 부정적인 피드백에 주의를 낭비하는 것입니다. 일상생활에서도 유사합니다. 업무 성과에 대한 긍정적 평가가 20개나 되더라도 단 1개의 부정적 평가가 나오면 우리는 그 평가를 계속 마음속으로 곱씹고는 하지요(이는 자연스러운 현상이니 자신을 자책하지는 마세요). 심지어 연구에 따르면, 사람들은 긍정과 부정의 비율이 5:1은 돼야 등가가 성립된다고 생각한다고 합니다. 안 좋은 일이 1개 생겼을 때 기분 좋은 일이 5개는 생겨야 상쇄된다는 것이니 안 좋은 일에 계속 마음이 쓰이는 것은 당연하지요.

하지만 시야를 넓혀보세요. 무엇이 당신의 주의력을 요구하나요? 주의력을 공정하게 배분하여 훨씬 더 행복해질 방법은 무엇일까요? 이를 위해서는 뇌가 긍정적인 요소들을 더 잘 파악해야 합니다. 다음은 그것에 도움이 되는 방법들입니다. 사람마다 다르니 자신에게 맞는 방법을 찾아 행복 샌드위치에 넣으시기 바랍니다.

• 성취한 일들 되돌아보기

  일과가 끝난 후나 업무 종료 후(혹은 하루 중 언제든지) 잠시 멈추고 성취한 것을 돌아보는 시간을 가지세요. 오늘 잘한 일은 무엇인가요? 어려웠어도 잘 마무리 지은 일은 무엇인가요? 자신이 자랑스럽다고 느낄 만한 일이 있다면 무엇인가요? 해야 할 일을 기록하는 투두 To-Do 리스트와 성취한 일을 기록하는 타다 Ta-Da 리스트를 활용해 해낸 일들을 적어보세요.

• 긍정적인 기억 떠올려보기

  부정적인 생각이 떠오를 때면 무조건 멈춘 뒤 뇌가 간과하고 있는 긍정적인 기억을 떠올려보세요. 예를 들어 회의에서 실수했던 부분이 생각난다면 유창하게 의견을 표현한 순간이 있었는지, 오늘 다른 장소에서 잘한 일이 있는지 생각해보세요. 자녀들에게 화를 냈다면 그날 자녀들에게 차분하게 반응했거나 지혜롭게 대응했던 일은 없었는지 되짚어보세요.

• 장기적인 관점에서 바라보기

  정기적으로 자신을 되돌아보는 시간을 조금씩 늘리면서 그동안 해낸 일을 돌아보는 시간을 가지세요. 어려운 시기를 지혜롭게 극복한 일이 있었나요? 잘 마무리했다고 이야기할 만한 일이 있을까요? 성찰은 우리의 생활과 업무에 많은 도움을 줍니다.

- 오늘의 기분 좋은 일 기록하기

하루 중 즐거웠던 순간들을 떠올려보세요. 나중에 회상하기 좋게 글이나 사진으로 기록을 남겨도 좋습니다. 액자에 끼워놓아도 좋고요. '오늘의 감사한 일 세 가지'를 써보는 것도 추천합니다. 좋은 일에 마음을 집중하는 것은 큰 도움이 됩니다.

- 긍정적인 방향으로 주의 끌어당기기

기분 좋은 날이나 계획된 이벤트를 쉽게 떠올릴 수 있도록 책상 위에 메모해두세요. 업무 중에 성취한 것이 있다면 눈에 잘 띄게 보관하고, 감사 카드를 받았다면 핀으로 꽂아 보이게 놔두세요. 신선함이 사라지면 눈길이 가지 않으니 주기적으로 위치를 옮기거나 새로운 항목을 추가하여 변화를 줘봅시다. 소셜 미디어나 인터넷을 할 때 긍정적인 이야기를 들려주는 곳을 방문하는 것도 좋습니다.

몰입하기

시간의 흐름은 주관적입니다. 우리가 어떤 일에 얼마나 집중하느냐에 따라 달라지지요. 작업에 몰두하다 보면 시간뿐만 아니라 나 자신과 주변의 모든 것을 잊어버릴 때가 있습니다. 일에 완전히 빠져드는 상태인 '몰입'은 우리에게 기분 좋은 감정과 만족감이라는 선물을 줍니다.

코로나19로 인한 팬데믹이 최고조에 달했던 시절, 저는 사람들과의 이야기를 회상하며 그림을 그리기 시작했습니다. 그때 몰입이 얼마나 좋은지 깨달았습니다. 업무로 인한 스트레스에서 해방될 기회를 얻은 것 같았지요. 좀 이상하게 들릴 수도 있겠지만 다른 사람의 걱정거리를 표현하는 그림 그리기가 저에게는 주요한 핵심 대응 전략이었던 것입니다. 아이들이 간식을 달라고 할 때마다 방해를 받는다고 여겼을 정도로 저는 몰입했고, 그 중요성을 깨달을 수 있었습니다.

몰입의 장점은 많습니다. 돌고 도는 세상사에서 벗어나 뇌에게 휴식 시간을 줄 수 있고, 뭔가에 참여했다는 사실에 뿌듯함을 느끼고 의미를 되새길 수도 있습니다. 과거에 어떤 일에 몰입했을 때 짜릿했던 순간이 있었는지 되돌아보세요. 그것 자체도 몰입 활동이 됩니다.

몰입하기에 가장 좋은 활동은 창작, 자연 속에 있기, 스포츠 또는 음악 활동 등이 있습니다. 잡념을 없애고 어떤 활동이든 집중하면 됩니다. 단, 흥미를 유지하되 좌절하지 않을 정도의 난이도여야 합니다. 너무 쉬우면 흥미를 잃고 너무 힘들면 포기하게 되니 균형감을 갖춘 활동이 좋습니다. 몰입할 수 있는 활동 목록을 적고, 자주 실행했는지 기록해보세요. 행복이 쌓여가는 것을 느낄 수 있을 것입니다.

쾌락적 적응

좋은 일에는 빨리 적응하지만 적응하는 순간부터 우리의 관심은 점점 멀어집니다.

음미하기

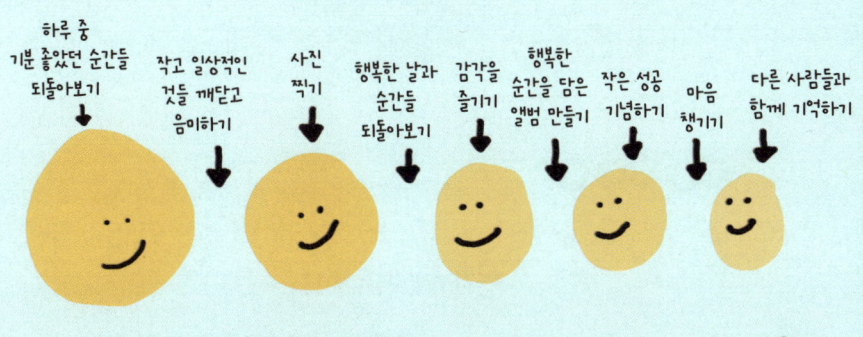

좋은 일들을 더 많이 음미할수록 긍정적인 효과는 더 오래 지속됩니다.

행복 연습 3

행복 음미하기

부정 편향된 뇌는 긍정적 감정에는 신속하게 적응하고 적응 뒤에는 관심을 두지 않는 경향이 있습니다. 이러한 '쾌락적 적응'에 가장 좋은 방법은 음미입니다. 곱씹어서 생각한다고나 할까요? 좋은 것을 음미하며 쾌락적 적응을 지연시키면 행복도 커집니다. 어떻게 하면 되냐고요? 좋은 순간을 더 오래 기억하고 그 순간에 얽힌 즐거운 이야기를 떠올려보세요. 주의를 집중하면 긍정적인 기분이 지속적으로 유지될 수 있습니다. 앞 장에 나온 것들 외에도 다양한 방법이 있으니 가장 적합한 것을 선택해 행복 샌드위치에 추가하시기 바랍니다.

현재에 머무르기

주의력 연습은 정도 차이는 있지만 모두 현재에 무게를 둡니다. 현재의 긍정적인 기분은 과거와 미래를 연결하는 오작교와 같습니다. 지금 기분이 좋고, 그 이유를 안다면 과거의 후회와 미래의 걱정거리에서 벗어나는 것이 훨씬 수월해집니다. 긴장도 풀리고, 긍정적인 감각과 감정이 생겨 행복도 커지며, 스트레스도 줄어들지요. 마음챙김과 명상은 현재에 집중하는 방법이며, 도움을 줄 수 있는 온라인 명상 영상이나 앱도 많이 있습니다. 앞에서 언급한 적이 있는 '경외감 산책'(78쪽 참조)도 현재에 주의를 기울이는 또 다른 방법임을 잊지 마세요.

제 4 장

행복을 지키는 기술

 지금까지 행복 샌드위치를 만드는 데 도움이 되는 이야기를 했습니다. 그러나 잠깐, 문제가 있습니다. 샌드위치를 노리는 것들이 있어요. 매번 일과를 해결하느라 바빠 맛있는 샌드위치를 옆에 두고도 먹지 못하는 동안, 저기 하늘 위에서 스트레스라는 위협적인 갈매기가 샌드위치를 낚아채려고 기다리고 있습니다. 행복으로 가는 골목을 막고 있는 훼방꾼도 호시탐탐 우리를 노려보고 있고요.

 설마 그렇다고 이렇게 단단하게 쌓은 행복이 무너지겠냐고요? 안타깝게도 그래요. 그들의 방해로 기분이 나빠지고 마음이 위축되면 행복과 멀어지지요. 누군가가 우리의 가치와 능력을 과소평가하고 그들의 잣대로 깎아내린다면 위축되지 않겠어요? 어떻게 훼방꾼으로부터 샌드위치를 지킬 수 있을까요? 영양가 있는 재료로 가득 찬 탐스러운 샌드위치가 망가지는 상황을 어떻게 피할 수 있을까요? 위험은 안과 밖 모두에 존재합니다. 이제 이 위험들을 더 자세히 살펴보고, 이를 관리할 수 있는 방법을 알아봅시다.

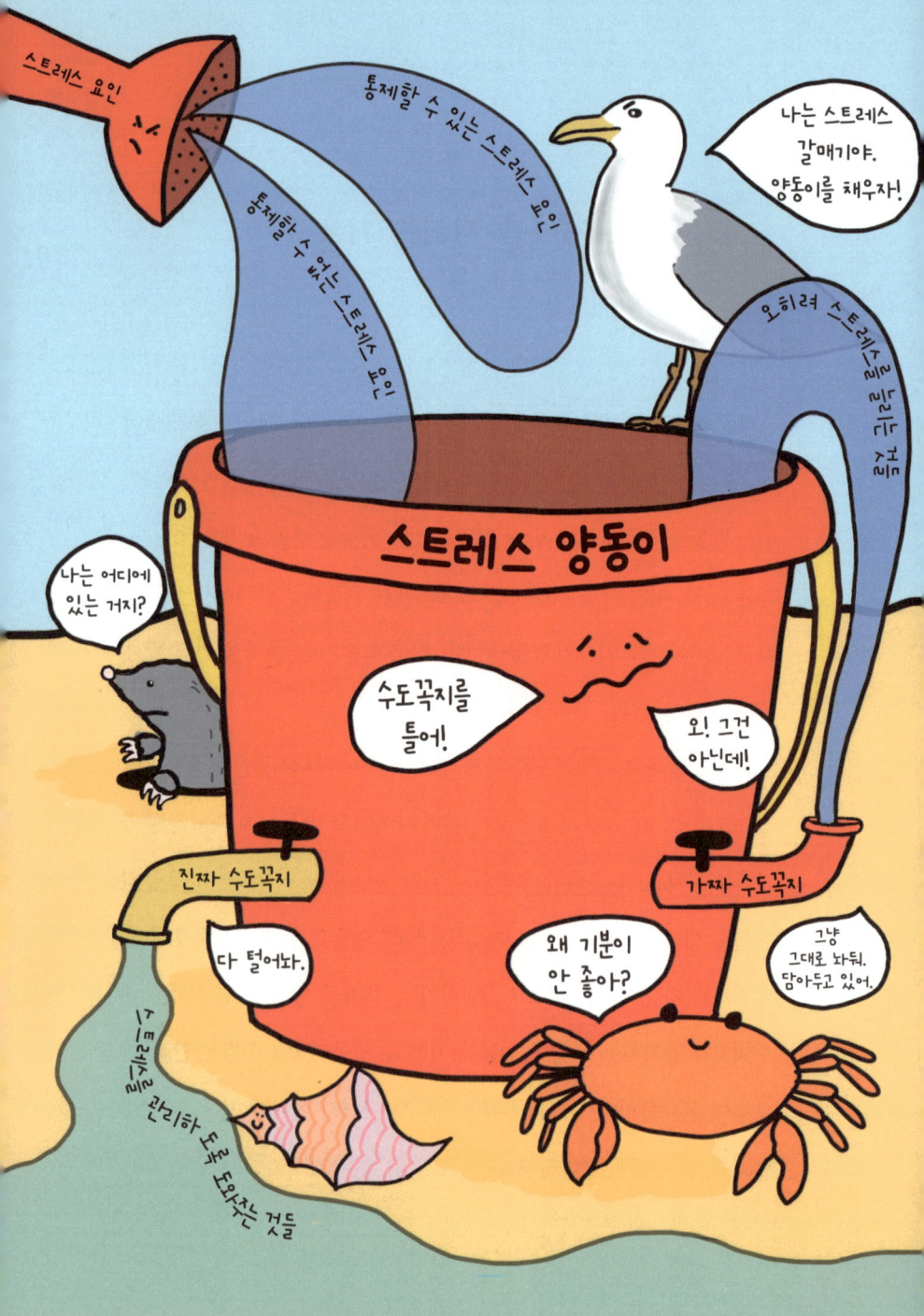

행복의 가장 큰 적, 스트레스

　행복 샌드위치에 가장 큰 위협은 스트레스라는 갈매기입니다. 이 갈매기는 우리 손에서 샌드위치를 낚아채기 위해 호시탐탐 기회를 엿보고 있지요. 스트레스는 '팽팽하게 당겨진'이라는 의미의 라틴어 'strictus'에서 유래한 어휘로, 어깨가 뻣뻣해지거나 턱이 꽉 조이는 것을 경험해본 사람이라면 이게 무슨 뜻인지 정확하게 이해할 것입니다. 스트레스는 조절 장치가 스트레스 요인을 원활히 관리하지 못할 때 생깁니다. 지나친 위협과 압력을 막아낼 힘이 없으면 아무리 조절 장치가 있다 해도 스트레스를 피할 수 없습니다.

　스트레스는 교감 신경계를 자극하여 우리의 감정과 뇌, 신체 기능, 사고 과정 및 행동에 영향을 주고 다양한 신체 반응을 일으킵니다. 스트레스가 없는 삶은 없습니다. 단기간의 스트레스는 때로 도움이 되기도 합니다. 수업에 제출할 과제를 할 때나 면접 준비 때 받는 스트레스는 오히려 다소 늘어져 있는 신체 기능을 활성화하고 정신을 바짝 차리게 해주는 긍정적인 역할을 합니다. 스트레스 반응을 통해 신체가 행동에 나서고 대처할 준비를 하므로 도움이 되기도 하는 것입니다.

그러나 과도한 스트레스로 고통받기 시작한다면, 혹은 위협적인 스트레스 요인이 너무 오랫동안 사라지지 않으면(이를 만성 스트레스라고 부릅니다) 정말 위험합니다. 감정, 기분, 행복뿐만 아니라 신체 건강도 위협을 받습니다. 신체가 스트레스에 신속하게 반응하도록 설계된 것은 우리에게 도움을 주기 위해서입니다. 그러나 스트레스 요인이 제거되지 않고 지속적으로 남아 있으면 정신적·신체적인 손상을 입습니다.

스트레스는 행복과 안녕감에도 다양한 방식으로 영향을 미칩니다. 스트레스는 우리 기분을 끔찍하게 만들지요. 또 면역 기능, 뇌, 그리고 신체의 여러 물리적 요소(예: 동맥, 심장, 위장)에 해를 가져옵니다. 만성 스트레스는 정신적 건강의 위협을 판단하는 중요한 지표로, 수면 방해, 에너지 공급 부족,

식욕 저하 등으로 기분이 더 안 좋아지는 악순환을 일으킵니다.

스트레스를 없애려는 잘못된 시도 역시 오히려 해로울 수 있습니다. 과도한 음주 같은 행위는 스트레스를 해결하는 것이 아니라 회피하기 위한 행동일 뿐입니다. 스트레스를 해결할 마음의 여유가 없어 그냥 포기하는 사람도 있습니다. 그러면 어떻게 될까요? 호시탐탐 우리의 샌드위치를 노리는 스트레스 갈매기에 행복을 무자비하게 빼앗기게 됩니다.

스트레스를 인지하고 관리하는 것은 행복을 위한 최우선 과제입니다. 이를 위해서는 스트레스의 수준을 정확히 파악하고 관리 도구를 사용해야 하고요. 저는 종종 '계량컵'을 예로 드는데요. 현재의 스트레스가 감당 가능한 용량을 초과하는지, 아니면 그 직전의 위험 상태인지를 확인하자는 것입니다. 또 다른 유용한 모델은 '스트레스 양동이'입니다. 양동이에 물이 꽉 차 넘치기 직전이라면 행동을 취해야 합니다. 수도꼭지를 열어 스트레스 수위를 관리하는 것이지요. 우리에게 스트레스를 주는 모든 요인을 통제할 수는 없지만, 일부는 적절하게 관리할 수 있습니다. 단, 수도꼭지를 유심히 살펴보아야 합니다. 일부 수도꼭지는 단기적으로만 효과가 있고 다시 양동이에 물을 채우는 '가짜 수도꼭지'일 수도 있으니까요. 이제 스트레스 양동이에 대해서 자세히 살펴봅시다.

스트레스 양동이 상태 확인하기

152쪽 그림을 활용하여 스트레스 양동이의 상태를 확인해보세요. 양동이에 물이 꽉 차 있다고 알려주는 신호로는 어떤 것이 있을까요? 행동, 감정, 신체, 사고에 나타나는 증상이나 반응을 생각해보세요. 특정 행동을 시작하거나 멈추는 등 스트레스 상태를 드러내는 명확한 신호가 있나요(저처럼 과자를 많이 먹는다든지)? 당신의 감정이 보내오는 신호는 무엇인가요? 짜증, 쏟아지는 눈물, 압도감 등이 있을 수 있습니다. 신체 신호로는 근육의 긴장, 소화 문제, 수면 장애 등이 있을 수 있고요. 생각 신호로는 집중 장애, 부정적인 생각, 생각의 빠른 전환 등이 있어요. 이러한 신호가 나타나면 스트레스를 경계하고 행복 샌드위치를 보호하는 조치를 시작해야 합니다. 다음 그림에 신호를 적어봅시다.

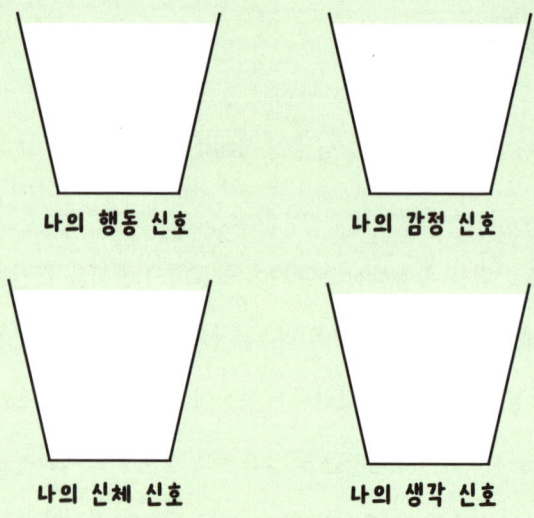

스트레스 양동이 상태 확인하기

무엇으로 양동이가 채워지고 있나요? 스트레스 유발 요인을 통제할 수 있는 것과 통제할 수 없는 것으로 나누어보세요. 양동이가 넘칠 것으로 판단된다면 어떤 스트레스 요인을 제거하고 관리해야 할지, 어떤 행동을 취해야 할지 생각해보세요.

행복 연습 3

가짜 수도꼭지와 진짜 수도꼭지 구분하기

진짜 수도꼭지는 스트레스 양동이를 비워 스트레스 관리에 도움이 됩니다. 그러나 가짜 수도꼭지는 스트레스를 조절하는 것처럼 보일 뿐 오히려 스트레스 지수를 높입니다. 당연히 진짜 수도꼭지만 스트레스 관리에 유용합니다. 진짜 수도꼭지를 트는 방법이 무엇인지 생각해보고 이를 스트레스 양동이 그림에 추가해보세요. 사회적 연결, 이완, 느린 호흡, 운동, 수면, 규칙적인 식사와 음료, 대화, 문제 해결 등이 바로 진짜 수도꼭지입니다. 가짜 수도꼭지는 무엇일까요? 겉으로는 스트레스를 효율적으로 관리하는 것처럼 보이지만 실은 그렇지 않은 행동들입니다. 회피와 관련이 있는 행동들은 장기적으로는 스트레스를 심화시킬 수 있습니다. 회피는 임시 처방일 뿐 치료제가 아닙니다.

행복을 위한 시간 사수하는 법

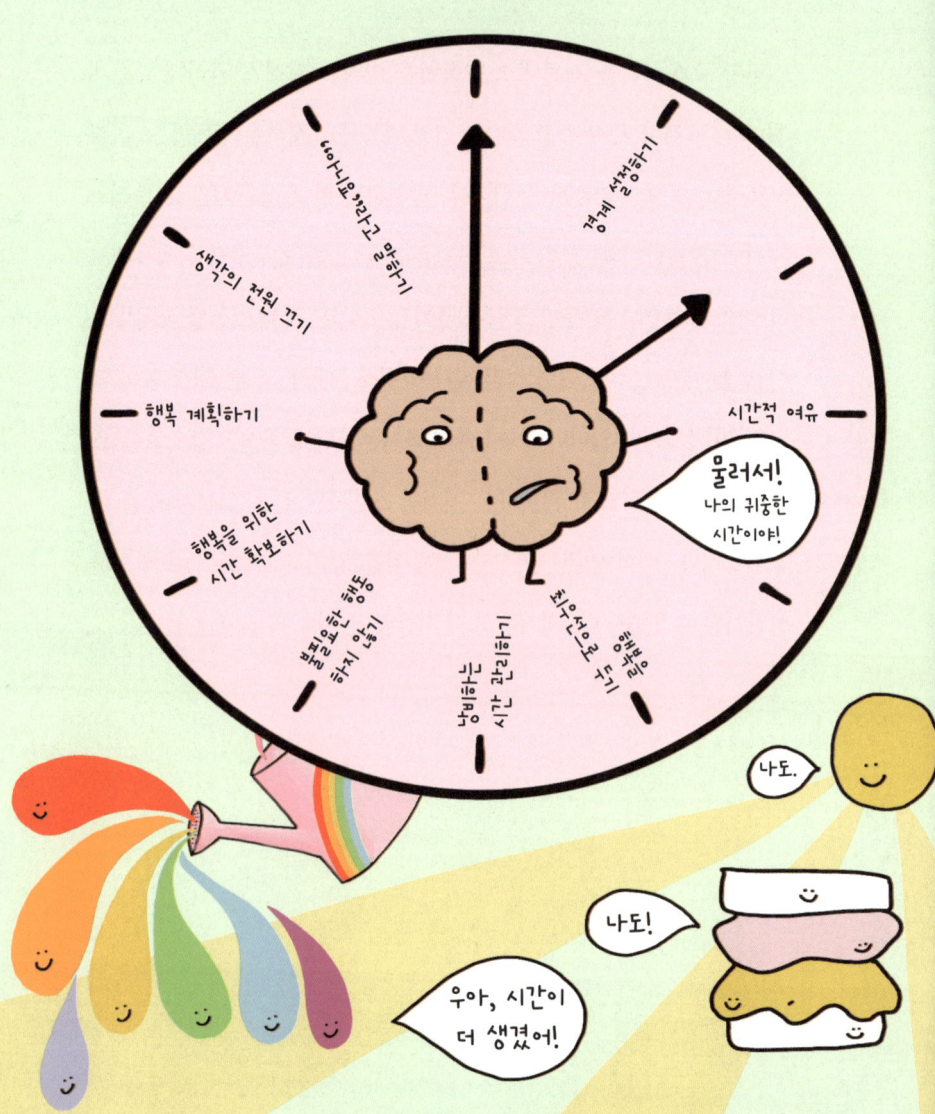

시간 부자는 행복해

시간 부족으로 인한 심각한 압박은 스트레스를 증가시켜 행복에 영향을 미칩니다. 연구에 따르면 돈보다 시간을 가치 있게 여기는 사람들, 즉 금전적 부유함보다 시간적 부유함을 선택한 사람들은 보람 있는 일에 의미를 두며 더 큰 행복을 누립니다. 시간 부족으로 즐거운 일을 포기하거나 과도한 업무량으로 가족을 만나지 못하거나 시간이 없어 친구들과 짧게 만나고 헤어진 경험이 있는 사람이라면 시간적 여유가 얼마나 중요한지 공감할 것입니다.

시간은 귀중한 자산입니다. 삶에서 매우 소중하지요. 돈만큼이나 신중하게 관리해야 하며, 오히려 그보다 더 소중히 여겨야 합니다. 그만큼 시간은 행복과 밀접합니다.

시간을 소중히 여기라는 말은 시간 대비 많은 업무를 완료하여 효율성을 높이라는 이야기가 아닙니다. 그보다는 즐거움, 가치, 의미를 중시하고 행복을 지키는 방식으로 시간을 사용해야 한다는 것을 의미합니다.

행복 연습 1

나는 시간을 어떻게 쓰고 있을까?

행복해지기 위해 충분한 시간을 확보하는 방법을 알고 싶다면, 다음 질문에 답해보세요.

- 시간을 어느 정도나 통제할 수 있나요?
- 지금보다 행복해지기 위해 시간을 더 투입해야 한다면 어떤 시간을 줄여야 할까요?
- 행복을 채워주는 활동을 일정에 넣도록 시간을 확보할 수 있나요?
- 시간을 들인 데에 비해 기분이 안 좋았던 활동이 있다면 무엇일까요? 스마트폰에 쓸데없이 빠져들었던 적이 있나요? 만일 그렇다면 그 시간을 어떻게 관리해야 할까요?
- 시간 보호를 위해 경계 설정이 필요한 일이 있나요?

    (예: 업무일과 휴일을 정확히 구분하기, 휴일에는 온전히 휴식 취하기. 운동할 때는 아예 휴대폰을 치우고 운동에 집중하기)

- 계획을 세워 시간을 확보할 방법이 있나요?

    (예: 베이비시터 미리 예약하기, 다른 사람에게 업무 분배하기)

- 금전적인 방법으로 시간을 확보할 수 있나요?

    (예: 창문 청소, 잔디 깎기, 행정 업무, 다림질 등)

"아니요" 라고 말하기

"아니요! 하고 싶지 않아요"라고 말하는 것이 두려울 때가 있습니다. 상대방이 받을 상처와 좌절, 미안함, 그 말을 하는 순간 느껴질 사람들의 시선⋯⋯. 그래서 우리는 하는 수 없이 원치 않는 일을 하지요. "아니요"라고 거절하지 못해 시간을 쪼개가며 일을 하는 것입니다. 여기서 잠깐! 신념 체계로 돌아갑시다. 우리에게 "아니요"는 두려움의 언어일 수 있습니다. 우리 신념은 보통 타인에게서 허락을 받거나 타인이 기쁘게 행동하는 것을 기준으로 여기기에 "아니요"라는 말이 금기처럼 받아들여지는 것입니다. 그러나 "아니요"는 기술의 언어입니다. 그저 싫다고 표현할 뿐이지요. 두려워할 필요는 전혀 없습니다.

이 말은 오히려 단점보다 장점이 많습니다. 거절을 통해 우리는 의미 있는 일에 더 많은 시간을 투자할 수 있습니다. "아니요"라고 말하면 무슨 일이 생길까 봐 억지로 "네"라고 대답하면, 그 씁쓸한 기분을 씻어내고 행복을 찾기 위해 다른 데서 방황할 수 있습니다. 행복해지고 싶다면 자연스럽게 "아니요"라고 말하세요. 이제 "아니요"라고 말하는 연습을 해봅시다.

"아니요"라고 말하는 연습

내 초기 반응 이해하기

- 내 기분은 어떻지? 먼저 어떤 생각이 들지?
- "예"라고 말하고 싶은 건가?
- "예"라고 말해야 하는 의무가 있을까? 왜 이런 생각을 하지?
- "아니요"라고 말하면 어떤 일이 일어날까 걱정되나?

결정할 때 자문하기

- 내가 원한 결정인가?
- "예"라고 말하면 억울하거나 화가 날까?
- "예"라고 말하면 시간 확보나 정신적 건강에 도움이 될까, 아니면 해가 될까?
- 만약 해가 된다면, 그 결과를 받아들일 준비가 되어 있나?
- 내 가치관에 맞는 결정은 어떤 걸까? 결정할 때 나에게 중요한 것은 뭐지?
- "아니요"라고 말하면 안 좋은 일이 있을까?
- "예"라고 말하면 어떤 일이 일어날까?
- "아니요"라고 말하면 대신 무엇을 할 수 있을까?
- 같은 상황에 처한 사람이 있다면 어떤 조언을 할까?

결정을 내린 뒤

- 어떻게 결정을 내렸나요? "아니요"는 항상 부정적이라는 고정 관념을 버리세요. 오히려 당신의 가치관에 맞게 "아니요"라고 말하면 중요한 일에 집중할 시간이 많아집니다. 또한 이를 통해 자신과 주변 사람들도 행복해질 수 있습니다.

몇 가지 조언들

- "아니요"라고 말했을 때 예상했던 두려운 일이 실제로 일어났나요? 이런 경험은 다음에 같은 말을 해야 할 때 참고할 수 있습니다.
- "아니요"라고 말하기 어렵다면 미리 응답 문구를 준비해두세요. 이메일이나 핸드폰에 문구를 저장해두면 필요할 때 말을 꺼내기가 수월할 것입니다.
- "예" 혹은 "아니요"라고 바로 답하기 어려운 경우 "제 일정을 확인하고 다시 말씀드려도 될까요?", "그 요청을 이메일로 보내주시면 검토해보겠습니다"라는 말로 결정을 지연시킬 수 있습니다.

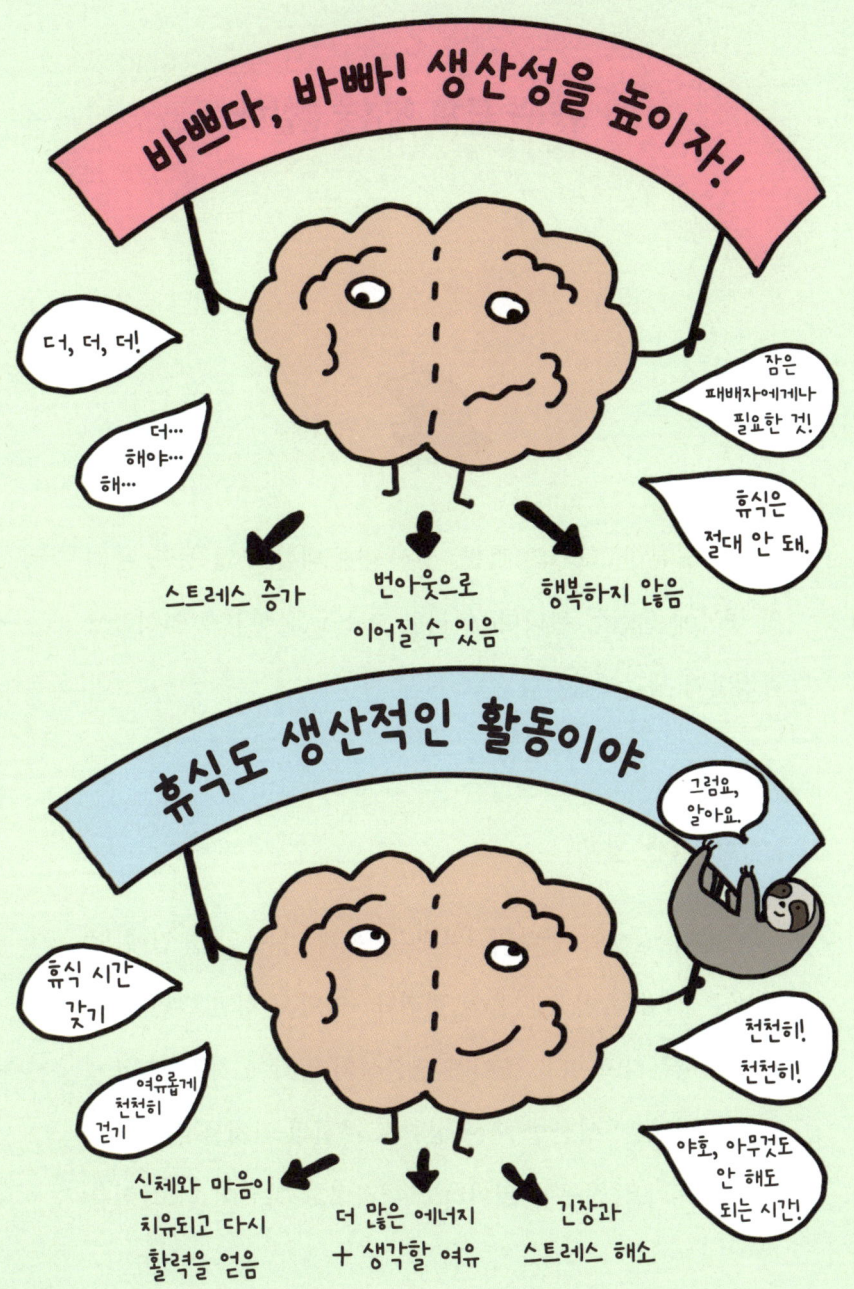

왜 우리는 쉽게 행복을 놓칠까

주의력 분산, 타인의 판단, 생산성에 대한 부담 등도 우리의 행복에 위협이 됩니다. 이러한 요소들을 어떻게 인식하고 관리할지 생각해봅시다.

1. 성취에 대한 압박

더 많이 일해야 한다며 "바쁘다, 바빠"라는 말을 입에 달고 사는 사람은 어떤 마음인 걸까요? 아마도 쉬면 그만큼 성과가 줄어든다고 마음 졸이며 생산성의 압박에 치인 채 살고 있을 것입니다. 생산성 혹은 성취로 자신의 가치를 판단하는 사람은 휴식을 잘못된 것이라고 생각하고 자신이 하고 싶은 일은 뒤로 미룬 채 일정이 꽉 차 넘칠 때까지 일정표를 빼곡히 채웁니다.

만약 그렇다면 멈추세요. 속도를 늦추고 숨을 깊게 쉬세요. 끝없는 생산성 추구는 오히려 비생산적인 결과를 가져옵니다. 쉬는 것 자체도 생산적인 행위입니다. 저도 점심시간에 일해서 업무를 빨리 끝내려는 버릇이 있습니다. 건강과 행복을 추구하기는커녕 비생산적인 업무 습관을 갖고 있는 것이지요.

장기적으로 볼 때 휴식은 꼭 필요합니다. 스트레스를 관리하고 신체의 균형을 회복하게 해주니까요. 쉬는 것은 절대로 시간 낭비가 아닙니다. 건강과 행복을 위해 우선순위에 두어야 하는 활동입니다. 이제 쉬는 법을 배워봅시다.

휴식 계획하기

얼마나 자주 휴식 시간을 갖나요? 휴식을 보너스라고만 생각하시나요? 쉴 때도 미리 계획을 세워야 합니다. 그래야 실행할 확률이 높아집니다.

계획 세우기

연차 휴가를 모두 사용하겠다고 결심하세요. 1년 중 언제 쉴지 휴가를 계획하고 일정을 잡으시기 바랍니다.

일정에 쉬는 시간 추가하기

점심 먹을 시간이나 차 마실 시간을 일정표에 넣고, 이 휴식 시간을 편하게 보낼 계획을 세우세요.

아무것도 안 하는 시간 만들기

업무나 일상생활 도중 정말 아무것도 하지 않는 시간을 계획하세요 ('정리 시간' 혹은 '재충전 시간'으로 명명해도 괜찮습니다).

짧은 휴식 갖기

매시간 자리에서 일어나 움직이세요. 취침 직전에도 잠시 멈추고 내일을 계획해보세요.

호흡하기

몸과 마음을 진정시키는 호흡 운동을 해보세요. 천천히 세 번 숨을 들이쉬고 내쉬면서 다음을 계획하세요.

재정비 시간 갖기

업무 미팅이나 다음 일을 시작하기 전 짧게라도 휴식을 취하세요. 잠깐 산책을 해도 좋습니다. 일정을 너무 빡빡하게 잡지 말고, 생각하고 재정비할 여유를 가지세요.

바깥 풍경 보기

창밖의 풍경, 수평선, 나무, 건물 들을 잠시 바라보세요. 단순한 행동이지만 두뇌에 휴식을 제공합니다.

2. 타인의 판단

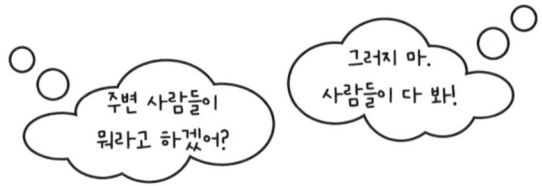

사회적 동물인 인간의 뇌는 타인의 마음을 인지하고 예견하는 능력을 갖추고 있습니다. 그러다 보니 타인의 생각과 판단에 얽매이는 경우가 종종 발생합니다. 인간의 뇌에 있는 '거울 뉴런mirror neuron'은 타인의 감정과 행동을 인지하는 신경 세포인데, '마음 이론theory of mind'이라는 심리학 이론에 따르면 이 뉴런은 효율적인 상호 작용, 사회적 공동체 형성 및 인간의 생존과 번영에 중요한 역할을 합니다.

하지만 이 놀라운 능력은 단점이 될 수도 있습니다. 타인의 시선, 판단, 감정에 지나치게 신경을 쓰다 보면 정작 자신이 하고 싶은 일을 못 할 수도 있으니까요. 판단이나 해석을 잘못했을 여지도 있어요. 부적절한 의견이나 대다수의 의견에 과도하게 의미를 부여하는 것은 바람직하지 않습니다. 휘둘리다 보면 자신의 가치관과 신념이 아니라 타인의 판단에 의존해서 살게 될 수 있습니다.

　누구나 판단을 합니다. 사회적 공동체에 사는 이상 타인의 판단을 피해 갈 수는 없습니다. 그러나 그 판단이 옳지 않을 때는 어떻게 해야 할까요? 어떻게 행복을 지킬 수 있을까요?

　저는 뇌에 손상을 입었는데도 자존감이 높은 존경스러운 사람을 알고 있습니다. 그를 보는 사람들의 시선은 따뜻하지 않았습니다. 상점을 지나가는 모습을 보고는 술에 취해서 비틀거린다고 수군댔고, 그가 계산대 앞에서 서 있을 때는 혀를 차기도 했지요. 건널목을 건널 때는 빨리 걸으라는 듯 경적이 쉴 새 없이 울렸습니다.

　자신들의 잣대로 그를 판단한 사람들의 준거는 비합리적입니다. 각자의 얄팍한 정보를 가지고 잘못된 판단을 내렸을 뿐입니다. 그는 어떻게 대응했을까요? '사람들은 나를 제대로 알지 못하니까'라며 자신을 위로했습니다. 가끔씩은 화가 났지만, 그는 한발 물러나 '사람들은 나를 제대로 알고 판단한 것이 아니다'라는 이성적인 결론을 내렸습니다. 자신의 판단과 타인의 판단을 완전히 분리한 것입니다. 그는 제가 만난 가장 현명한 사람 중 한 명이며, 저도 그의 이야기를 제 삶에 적용하고 있습니다.

다음 장에 나오는 그림을 보며 판단에 유용한 방법을 살펴보고, 우리의 행복을 지키는 방법을 찾아봅시다.

3. 주의력 분산

"나를 봐! 아니, 나를 보라고!" 저기서 뭔가가 주의를 끌려고 아우성치고 있습니다. 한창 생각 중인데 요란한 소리를 내면서 제발 자기 좀 봐달라고 외치고 있네요. 무엇일까요? 대부분 스마트폰이나 소셜 미디어가 떠오를 것입니다. 만지는 순간 빠져들어 웬만해서는 손에서 떼어놓을 수 없다는 것이 특징입니다. 그러나 집중력과 주의력은 우리의 소중한 자원이므로 절제력을 유지해야 합니다.

스마트폰은 우리의 눈을 사로잡는 강한 힘을 가지고 있습니다. 연구에 따르면, 식사 자리에 스마트폰이 있으면 식사를 덜 즐기는 것으로 나타났습니다. 우리의 주의력은 제한되어 있기에 밥을 먹으면서 스마트폰 화면을 보면 대화나 음식의 맛에 집중하지 못하는 것이지요. 이러한 문제점은 도처에서 찾을 수 있습니다. 지속적인 알림음으로 인한 집중력 저하와 스트레스 증가, 멀티태스킹의 인지적 부담으로 인한 스트레스 증가 등 기술은 우리에게서 행복이 멀어지게 합니다. 이런 환경에 대한 노출을 줄이면 중요한 일을 수행하는 집중력도 향상되고, 스트레스도 감소할 것입니다.

행복연습 2

산만함 없애기

집중력을 되찾는 방법을 마음에만 의존하지 마세요. 현대 기술은 너무나 정교해서 개인의 의지력으로는 문제 해결이 거의 불가능합니다. 그럼 어떡할까요? 간단합니다. 그 원인을 제거하면 됩니다.

스마트폰이 같은 공간에 있는 것만으로도 주의력은 분산되고 집중력은 떨어집니다. 테이블 위에 있는 스마트폰 때문에 집중이 안 된다면 스마트폰을 치우면 됩니다. 산책할 때도 가지고 가지 마세요. 꼭 소지해야 한다면 전원을 끄세요. 특정 시간에는 사용하지 않게 설정하고, 토요일 밤 11시 이후에는 업무 이메일을 확인하지 마세요. 최소한의 알림만 받도록 설정해 스트레스 유발 요인을 줄이기 바랍니다.

스마트폰 같은 현대 기술 외에도 주의력을 떨어뜨리는 요인은 많습니다. 훼방꾼을 제거하세요. 원인을 선천적으로 제거해 주의력을 지키기 바랍니다. 주의력은 귀한 자원입니다. 가치 있는 일에 활용하세요.

제 5 장
행복에도 연습이 필요하다

우리는 이제까지 행복 이면에 숨어 있는 이론들, 행복 샌드위치에 들어갈 재료와 도구, 효율적으로 주의력을 높이는 방법까지 긴 여정을 함께했습니다. 이제 행복해질 일만 남은 걸까요? 아닙니다. 너무 안일하게 생각하지 마세요. 이론을 행동으로 옮기지 않는다면 우리의 노력은 미완성으로 끝나게 됩니다. 만들다가 만 샌드위치처럼요. 우리가 여태껏 배운 바를 삶에 적용할 때 진정한 행복은 시작됩니다. 행복은 얻는 것이 아니라 실천하는 것입니다. 뇌의 기능과 오래된 습관을 개선하고 행복을 만드는 새로운 행동을 해야 합니다. 이제 실천의 길로 함께 떠나봅시다.

행복 습관을 만들어주는 뇌

 이제 행복을 만들어주는 게 무엇인지 알았으니, 실천의 문을 열어봅시다. 행동에 옮기지 않으면 아무런 의미가 없습니다. 샌드위치를 만들기만 하고 먹지 않는 거죠. 가야 할 길을 아는데 바라만 보고 실천하지 않는 사람? 바로 저입니다. 휴식을 취하면서 스트레스를 줄이고 효율성을 높여야 한다고 수도 없이 말했던 저는 사실 쉬지 않고 일하는 사람입니다. 컴퓨터 앞에 앉아 점심을 먹어 언제 밥을 먹었는지도 기억하지 못할 정도로 일에 몰입하고는 합니다. 도움이 되지 않는다는 것을 알면서도 대체 왜 그럴까요?

 어쩔 수 없이 다시 우리의 친구이자 적인 뇌를 불러와야 할 것 같네요. 그건 바로 습관 때문입니다. 과거 임상 실습으로 큰 압박을 받았을 때 시간이 없어서 책상에서 점심을 때우기 시작했는데, 그때부터 뇌가 이를 규칙으로 받아들여 점심시간에 일하는 습관이 든 것입니다. 지금도 점심시간에 사무실에서 주변 사람들이 일어나 움직이는 소리가 들리기 시작하면(아마도 제 배에서 나는 소리가 신호인지도 모릅니다) 저는 무의식적으로 샌드위치를 집어 먹으면서 일을 합니다.

습관은 새로운 학습을 요구하지 않습니다. 감각 운동 시스템에 일련의 행동으로 저장되어 있고, 뇌는 이를 하나의 루틴으로 만들어 특정 신호(예: 꼬르륵거리는 배)가 감지되면 자동으로 예정된 순서를 작동시키지요. 이 과정은 보상(예: 점심)을 제공하며, 학습된 행동을 강화합니다. 특정 신호는 우리가 알아채기도 전에 이미 연쇄 반응 열차에 탑승하지요. 일단 열차가 움직이기 시작하면 뇌는 멈추지 않습니다. '앗! 이런, 또 그랬네! 나도 모르게'라고 자책하는 경우가 생기는 건 바로 이 멈추지 않는 뇌 때문입니다. 뇌는 신호를 감지하면 '행동 개시!'를 기본값으로 정해놓고 질주마처럼 달립니다. 영리한 뇌에 이보다 좋은 지름길은 없습니다. 최소한의 주의력만 있으면 되니까요. 이것이 습관입니다.

그러나 새로운 활동을 학습하려면 뇌도 바빠집니다. 계획을 수립하고 목표를 설정한 후 집행 기능 영역(뇌의 관리자)을 동원해 행동 작동 명령을 내리며 단계별 진행 상황을 관찰합니다. 기존 학습 과정이 작동하지 못하도록 억제하고, 새로운 문제 해결을 위한 계획을 세워서 진행해야 하지요. 정말 피곤하게 들리죠? 뇌가 기존 습관으로 되돌아가려는 경향을 보이는 것은 이 때문입니다. 생각해보세요. 이미 습관이 되어 눈 감고도 갈 수 있는 길이 있는데 왜 그 쉬운 방법을 놔두고 멀리 돌아가고 싶겠어요?

그럼 우리는 어떻게 행복에 도움이 되는 습관을 정착시킬 수 있을까요? 다음은 습관을 형성하고, 행복을 이론에서 행동으로 옮기는 데 도움을 주는 몇 가지 방법입니다.

행복연습 1

행복해지는 습관 들이기

1단계: 무엇을 하고 싶은가요?

행복 샌드위치의 재료(54~59쪽 참고)를 살펴보세요. 일상에 추가하고 싶은 습관을 결정하고 언제, 어떻게 실행할지를 생각해보세요. 행복을 방해하는 습관 중 이 기회에 고치고 싶은 것이 있나요? 저는 책상에서 일하며 점심을 먹는 대신 밖에 나가서 점심을 먹고 산책하는 습관을 들이려고 합니다. 어떻게 하면 기존의 습관을 고칠 수 있을까요? 여러분은 어떤 습관을 버리고 싶은가요? 어떤 습관을 새로 만들고 싶은가요?

2단계: '왜'를 명확히 하세요

새로운 습관을 통해 얻고자 하는 것은 무엇인가요? 왜 이 습관이 당신에게 중요한가요? '왜'라는 행성과 연결되는 위성 중 하나인지 생각해보세요(70쪽 참고).

3단계: 구체적으로 계획하세요

새로운 습관을 실천할 구체적인 시점과 행동을 결정하세요. 예를 들면, '점심시간에 자연과 호흡하기 위해 산책하겠다'라고 구체적인 계획을 세우세요. 단, 실천 가능한 계획을 세우시기 바랍니다. 실천 불가능한 목표는 습관이 되기 어렵습니다. 가능한 한 작은 계획부터 시작하는 것이 좋아요. 작을수록 성취율이 높아지고 반복 가능하며 보람을 느낄 가능성이 커지니까요. 이 세 가지 요건은 새로운 행동을 습관으로 정착시키는 데 꼭 필요합니다. 단번에 너무 많은 것을 뇌에 주입하지 마세요. 한 번에 한 개씩 시작하세요. 과부하가 걸리면 뇌는 포기하고 기존의 습관 버튼을 누를 것입니다.

신호 재설정하기

1단계: 신호를 만드세요

저는 점심시간에 알람을 맞추어놓고 이 알람을 새로운 신호로 만들려고 합니다. 점심시간이 되고 알람이 울리면 산책하러 나가는 것이지요. 새로운 신호가 새로운 습관을 만드는 시작이 됩니다.

2 단계: 맥락을 고려하세요

누군가를 만나면 하게 되거나 특정한 장소만 가면 하는 행동이 있지 않나요? 맞습니다. 습관은 맥락의 영향을 받습니다. 습관을 바꾸고 싶다고요? 그럼 맥락을 바꿀 수 있는지 생각해보세요. 점심시간에도 컴퓨터를 켜놓고 일한다면, 그 전에 컴퓨터를 사용하지 않는 업무를 하면 되지 않을까요? 기존 습관이 기지개를 켜지 못하도록 환경을 바꾸는 것도 방법입니다.

3 단계: 반복하세요

반복은 행동을 습관으로 전환시키는 주요 열쇠입니다. 행동을 지속적으로 반복해 뇌가 새로운 행동을 자연스러운 습관으로 받아들이도록 하세요.

행복 연습 3

보상 활용하기

새로운 행동은 뇌의 보상 시스템과 연결됩니다. 특정 맥락에서의 행동이 보상을 받으면, 행동과 맥락은 하나가 되어 반복을 유도합니다.

보상을 통해 행동을 습관화하는 확률을 높이려면 어떻게 해야 할까요? 다행히 행동 자체가 보상이 되는 활동이 많습니다. 점심시간에 하는 산책이 즐겁다면, 즐거움이라는 보너스를 보상으로 받습니다. 목표 달성 후 뒤따라오는 성취감도 보너스이고, 산책 시간을 자율적으로 조정할 수 있다면 자율성도 덤으로 따라오는 보너스가 됩니다. 보너스를 더 얻어볼까요? 산책 중 친구를 만나거나 커피를 마시면 어떨까요? 매일 산책하고 싶지 않을까요?

단 주의할 점은 새로운 습관이 부정적인 감정과 연결되지 않도록 목표를 작게 세워야 한다는 것입니다. 작은 성취와 긍정적인 감정은 서로를 강화하면서 자극제가 되어 그다음의 목표로 성큼 나아가게 합니다. 그러나 목표가 너무 커서 실패할 경우, 그로 인해 다가오는 부정적인 기분에 압도되어 항복을 선언할 수 있습니다. 그러면 습관이 형성되기 전에 포기할 가능성이 커집니다.

마찰 이용하기

뇌는 신호를 받으면 습관적 행동을 자동으로 실행합니다. 기존 습관을 바꾸고 싶다면 자동 실행을 억제하고 마찰(자동 실행을 막는 힘)을 늘려야 합니다. 점심시간이 되자마자 샌드위치를 집는 습관을 바꾸려면, 샌드위치를 멀리 떨어진 곳에 놓으면 어떨까요? 여기서는 먼 거리가 마찰이 됩니다.

반대로 새로운 습관을 형성하려면 자동성을 늘리고 마찰을 줄여야 합니다. 점심시간에 산책하기를 새로운 습관으로 만들고 싶다면 마찰을 줄여야겠죠? 미리 점심을 가방에 넣고 신발까지 챙겨놓으면 점심시간이 되자마자 마음 가볍게 가방을 들고 신발을 신고 나갈 수 있습니다. 습관은 작은 변화에서 시작됩니다. 작은 성취를 통해 쉽고 보람찬 습관을 만들어보세요.

뇌와 행복의 밀고 당기기

행복은 일상에서 시작됩니다. 일상은 우리의 감정에 영향을 미치고, 이미 많이 이야기한 것처럼 우리 삶에는 많은 훼방꾼이 존재합니다.

밀고 당긴다는 관점에서 생각해볼까요? 영양가는 높지만 맛없는 빵을 먹는 일처럼, 좋은 걸 알지만 선뜻 하고 싶지는 않은 일들이 있습니다. 요가 레슨에 가야 하는데 막상 집에 돌아와 소파에 누우면 몸을 '밀어'내면서까지 레슨에 가는 것이 귀찮을 수 있습니다. 반면에 영양가는 낮지만 맛있는 빵처럼, 나쁜 것은 아는데 마음을 유혹하는 일들도 있지요. 즉각적인 보상으로 우리를 끌어'당기는' 일들이 그러합니다. 그 보상이 얼마나 파국적인 결과를 가져올지 알면서도 강렬

한 유혹에 끌리게 되는 것입니다.

미래 지향적인 뇌를 가진 우리는 대부분 목표를 세우고 살아갑니다. 신년 계획을 세우기도 하고 직장에서의 목표, 삶의 중간중간에 성취할 목표를 정하기도 하지요. 의도적으로 목표를 세우지 않더라도 업무를 완료하고 자격증을 취득하는 등 성취를 위해 노력합니다.

목표 설정은 행복에 중요한 의미를 가집니다. 목표는 목적을 부여하고 긍정적인 감정을 불러일으킵니다. 학습, 보상감, 소속감, 사회적 연결과 같은 부수적인 이점도 제공하고요. 더불어 목표 수립 방법, 목표를 바라보는 시각, 목표를 향해 나아가는 방법 등은 샌드위치를 쌓는 기초 요소가 되어 행복을 쌓아가는 데 도움(혹은 훼방)을 줄 수 있습니다.

이 모든 것들이 결과로 모습을 드러내기 위해서는 '의사 결정'이 내려져야 합니다.

단기적인 보상(끌어당기는 힘)의 유혹이 주변을 맴돌 때 어떻게 해야 할까요? 행복과 안정감을 충족시키는 방향으로 결정을 내릴 때 행복 샌드위치는 완성됩니다. 훼방꾼들이 지속적으로 마음을 헤집는다면 처음으로 돌아가 뇌와 행복에 관한 오해를 다시 읽어보세요. 의사 결정에 도움을 줄 것입니다.

다음의 연습은 행복을 만드는 결정을 내리는 데 도움이 될 것입니다.

행복을 위한 계획

간단하지만, 그 간단함이 바로 이 연습의 강점입니다. 미리 계획을 세우면 실행할 가능성이 훨씬 높아집니다. 그러니 행복을 채우는 것이 무엇인지 살펴보고 계획을 세워보세요. 다이어리에 스케줄을 짜세요. 행복해지는 일을 미루지 말고 삶의 필수 요소로 계획하세요(결국, 행복이 삶의 요점이니까요). 일정에 휴식 시간을 넣거나, 요가 레슨을 위해 전날 매트나 운동 용품을 문 앞에 놓고 자면 도움이 될 것입니다. 뇌에 부담을 주지 않도록 준비하세요. 자동성을 높이고 마찰을 줄이면 쉬워집니다.

계획을 실행하는 또 다른 간단한 방법은 아리스토텔레스가 말한 '제2의 자아'를 활용하는 것입니다. 제2의 자아는 친구, 가족, 직장 동료 등을 말합니다. 다른 사람과 함께 일정을 잡으면 취소할 가능성이 줄고 새로운 습관을 들이기가 쉬워집니다. 예를 들어 점심시간에 친구와 같이 산책을 가기로 하면 어길 가능성이 줄어들겠죠. 산책하러 갈까 말까 망설일 때 친구로부터 "산책하러 갈래?"라는 전화를 받으면 "그럴까?" 하는 것이 인간의 마음입니다. 다음은 행복을 위해 계획을 짤 때 고려해야 할 주요 사항들입니다.

- 추가하고 싶은 행복의 재료는 무엇인가요?
- 어떻게 행복 재료를 계획에 포함할 수 있을까요? 자동성을 높이고 마찰을 줄이려면 계획을 어떻게 세워야 할까요? 계획을 세울 때 어떻게 주변 사람들을 활용할 수 있을까요?

즉각적인 보상에 휘둘리지 않기

당장은 기분이 좋아지지만 장기적으로는 그다지 좋지 않은 행동에 빠지는 경우가 얼마나 많나요? 온라인 쇼핑, 소셜 미디어의 '좋아요', 패스트푸드 등은 모두 뇌에 즉각적인 보상을 제공하지만 장기적으로는 해가 됩니다. 이것들이 본질적으로 나쁘지는 않습니다. 다만 즉각적인 보상이 행복에 부정적인 영향을 미치는 경우가 너무 많은 것이지요. 새 옷이 너무 많아 옷장에 쌓이기 시작하면 스트레스가 커지고 쇼핑 시간이 낭비로 느껴지는 것처럼, 달콤한 유혹에 흔들린 대가도 유사합니다. 기대만큼의 행복은커녕, 시간을 엉뚱한 데 퍼부었다는 후회감에 씁쓸해질 수밖에 없습니다.

이를 막으려면 어떻게 해야 할까요? 자동 실행을 막을 만큼의 마찰을 만들어보세요. 휴대폰 멀리 두기, 온라인 사이트에서 카드 정보 제거하기 등이 좋은 예입니다. 자동 실행을 막게 되면 우리는 비교적 여유를 가지고 보상 시스템의 유혹에 대해 생각해볼 수 있습니다. 다음의 사항들을 곰곰이 생각해보기 바랍니다.

- 주의해야 할 즉각적인 보상으로 무엇이 있을까요?
- 그것들에 대한 마찰을 어떻게 만들 수 있을까요?
- 유혹에 끌려간다는 것을 깨닫게 되면, 잠깐 멈추고 이것이 나의 행복에 도움이 되는지 아니면 방해가 되는지 꼭 생각하세요.

행복 연습 3

행복해지는 결정에 필요한 5가지 요소

선택의 기로에 놓였을 때 행복을 의사 결정의 중심에 주고 다음 다섯 가지 요소를 고려하세요.

1. 행복에 기여하는 요인인지 살펴보기

당신의 삶에서 행복에 기여하는 요인인지 생각해보세요. 그 선택이 당신을 행복으로 이끌 것 같나요?

2. 잘못된 신념이 아닌지 확인하기

행복과 대치되는 결정을 내린 원인이 잘못된 신념 때문은 아닌가요? 행복의 정의와 새로운 성공 기준(119쪽 참고)을 떠올려보세요. 어떤 요인이 당신의 결정과 부합하나요?

3. 행복에 대해 잘못 예측한 것은 아닌지 생각해보기

과거의 유사한 결정을 되돌아보거나, 뇌의 부정 편향성을 바로잡도록 조언해줄 사람을 찾아보세요.

4. 의미와 스트레스가 균형을 잡고 있는지 확인하기

단순히 즐거운 일만 선택하지 말고, 힘들지만 의미가 있는 일도 선택할 필요가 있습니다. 단, 지나친 스트레스는 도움이 되지 않으니 주의하세요.

5. 사소한 일에 휘둘리지 말기

어떤 신발을 신을지 걱정하는 것 같은 사소한 문제를 두고 지나치게 고민하지 마세요. 대신 이 행동이 얼마나 만족을 가져다줄까를 기준으로 삼으면 좋은 선택을 할 수 있을 것입니다.

행복을 위한 환경 설계하기

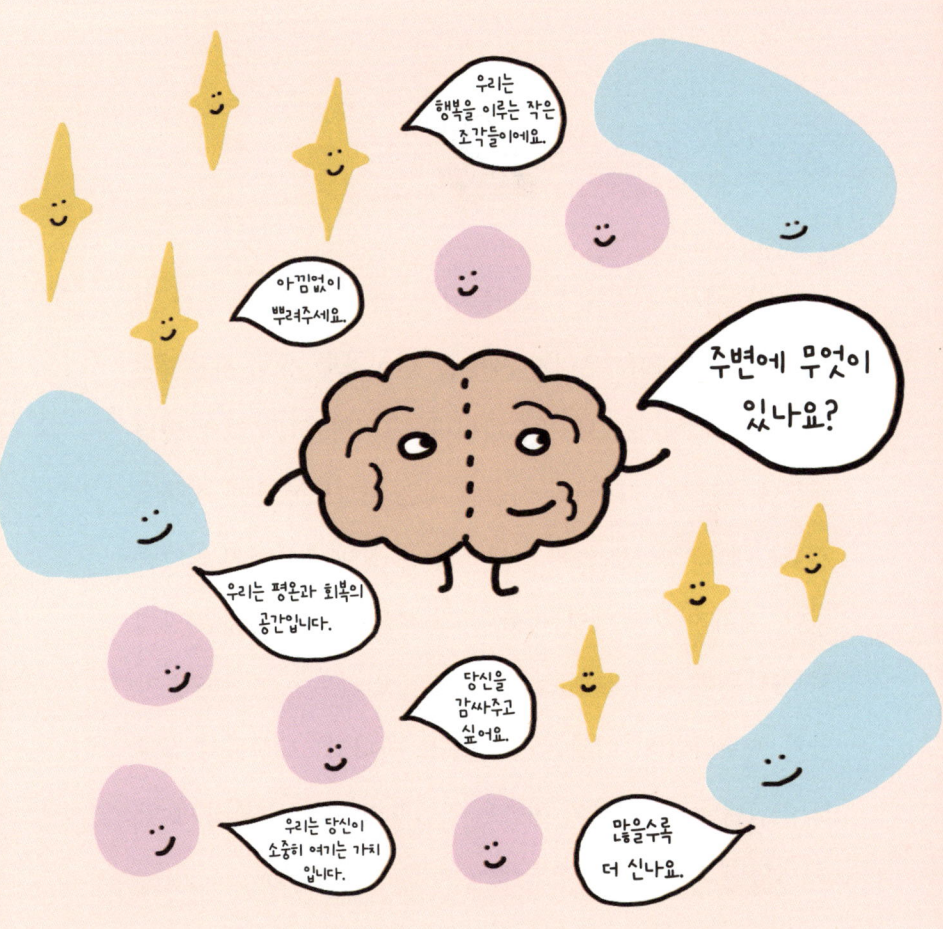

행복이 자라는 토대 다지기

　인터넷에서 보는 많은 글귀들이 "행복은 내면에서 온다"고 하는데, 맞습니다. 우리가 세상을 인식하고 상호 작용하는 방식은 행복해지는 데 중요합니다. 그러나 모든 것은 환경 내부에 존재합니다. 학창 시절에 저는 아파트에서 한 식물을 키웠는데요. 정성껏 돌봐도 그 식물은 절대 행복하지 않았습니다. 제가 아무리 애를 써도요. 그 식물은 원래 열대 지방에서 자라는데 제가 살던 스코틀랜드의 아파트는 따뜻하지 않았기 때문입니다. 이것은 제 잘못도 아니고 그 식물의 잘못도 아닙니다. 그 식물의 행복은 열대 지방이라는 '환경'에 달려 있었던 거지요.
　인간의 행복도 마찬가지입니다. 세상을 바라보는 관점이

중요한 것은 사실이지만, 행복의 원인이 100퍼센트 여기에 있다고 여기면 책임은 전적으로 개인에게 돌아갑니다. 환경의 중요성을 고려하지 않은 아주 성급한 판단입니다. 직장에서의 업무 환경을 생각해보세요. 과도한 업무량이 주어졌는데 "무조건 견뎌야 해"라는 조언이 도움이 될까요? 매일 친구들로부터 괴롭힘을 당하는 친구에게 "더 잘 대처해야 행복할 수 있다"라는 조언이 도움이 될까요? 이는 무례함을 넘어 가혹한 말입니다. 스트레스, 부정적인 감정, 행복을 부정하는 복잡한 사회적·문화적 요인을 개인에게 떠넘기는 행위입니다.

환경과 맥락이 행복에 얼마나 중요한지는 오래전부터 연구되어왔습니다. 예를 들어볼까요? 안전하고 체계적인 사내 문화가 있는 곳에서 일하는 사람들은 즐거운 기분으로 보다 높은 성과를 창출해냅니다. 차별이나 괴롭힘을 경험한 사람들은 더 높은 수준의 불행을 겪습니다. 녹지에 가까운 곳에 거주하는 사람들일수록 더 많은 행복을 느낍니다. 이 모든 것은 주변 환경이 안정적이고 우리가 가치 있게 대해질 때 마음이 평온해지고 더 행복을 느낀다는 것을 보여줍니다.

이렇듯 환경이 행복에 도움을 준다면, 과감히 환경을 바꾸면 되지 않냐고 할 수 있습니다. 그러나 그것 또한 쉬운 일은 아닙니다. 주택 담보 대출금을 갚아야 해서 직장을 그만둘 수 없는 것처럼, 모든 환경을 쉽게 바꿀 수는 없습니다. 이런 상황에서는 환경과 자신을 분리하는 것이 중요합니다. 현재의 기분에 환경이 중요한 역할을 한다는 점을 명심하고, 가능하다면 지원과 대화를 활용해 문제 해결 방법을 모색하세요.

통제할 수 있는 환경 요소들도 알아두어야 합니다. 어떤 요소들이 당신의 샌드위치를 만드는 데 방해가 되고, 주의를 산만하게 하나요? 어떤 요소들을 이용하면 샌드위치를 더 쉽게 만들 수 있을까요?

회복을 도와주는 쉼터 만들기

　장소와 공간은 특정한 감정을 불러일으키기도 하고, 행복에 도움이 되기도 합니다. 몸과 마음을 회복하는 데 도움이 되었던 공간을 떠올려봅시다. 그곳에서 편안함을 느낀 이유가 무엇이었을까요? 편안함을 느끼게 할 만한 특별한 물리적 요소가 그 공간에 있었나요?

　편안한 공간은 신체의 이완 및 소화 시스템을 활성화하고 스트레스를 완화해주는 역할을 합니다. 여성을 대상으로 한 어느 연구에 따르면, 자신의 생활 공간을 "휴식과 회복에 좋다"고 묘사한 여성들은 "어지럽고 산만한 공간"에 사는 여성들보다 우울하거나 피로감을 경험할 가능성이 적었습니다. 어수선한 환경에서는 방해 요소가 많아지고 필요한 일에 집중하기 어렵기 때문에 업무를 수행하기 어려울 수도 있지요.

　환경은 작은 변화로도 바꿀 수 있습니다. 불안, 슬픔, 수치심, 부정적인 감정 등이 생겨나고 맴도는 공간이라면 이를 바꾸는 조치를 해야 합니다. 휴식과 회복을 위한 공간을 한두 곳 정도 만들고 거기서부터 시작하세요. 그 전에 다음 질문에 답해보기 바랍니다.

- 그 공간에 있으면 왜 행복하지 않은 걸까요? 이를 어떻게 해결할 수 있을까요?
- 그 공간에 있으면 편안하고 회복된 느낌이 드는 이유는 무엇일까요? 어떻게 하면 행복해지는 공간을 넓힐 수 있을까요?

행복에 도움을 주는 물건 찾기

물건은 여러 가지 방식으로 행복에 중요한 역할을 합니다. 어떤 물건은 주의를 산만하게 하는 반면, 어떤 물건은 마음을 편안하게 하고 기쁨을 선사하지요. 저에게 행복을 주는 물건은 식물과 화분입니다. 화분은 저를 편안하게 해주고 저는 시간을 내어 그것을 돌보는 것을 즐기기에 행복해요. 사진도 좋은 경험과 장소에 대한 추억을 가져다줍니다.

어떤 물건이 당신을 행복하게 하는지 생각해보세요. 집이나 사무실에 어떤 물건을 추가할 때, 그 물건이 행복에 기여할지(또는 기여하지 않을지) 미리 생각해보세요.

- 지금 환경에서 당신에게 행복을 주는 물건은 무엇입니까?
- 당신을 행복하게 하는 물건을 추가할 수 있을까요?

행복 연습 3

가치관 공유하기

가치관을 공유하는 사람과 함께하는 것은 큰 기쁨입니다. 모두가 똑같은 생각을 해야 한다는 의미는 아니에요. 오히려 행복은 다양한 관점을 가진 사람들과 함께할 때 커지니까요. 관점, 성격, 신념이 완전히 달라도 가치관을 공유할 수 있습니다.

1. 서로 다른 관점을 가지고 있더라도 서로 같은 목표를 갖고 일하고 있다는 점을 상기하면 함께 일을 하는 게 수월해집니다. 상대방의 주장이나 입장을 이해하기 어렵고 화가 나더라도 동일한 목표를 가졌다는 점을 기억하면 나와 다른 관점을 포용하는 데 도움이 됩니다.

2. 주변 사람들의 가치관을 고려해 가장 행복한 시간을 보내려면 어디서 누구와 함께하는 게 좋을지 결정해보세요. 오래전, 저는 운 좋게도 두 개의 일자리 중 하나를 택해야 하는 상황을 맞았지요. 하나는 제

가 항상 원했던 일이었고 나머지 하나는 조금 다른 일이었습니다. 제가 항상 원했던 직업이 아닌 다른 일을 택한 이유는 함께 일할 사람들을 만났을 때 그들의 가치관이 저와 일치한다는 것을 알았고, 그들과 함께라면 더 잘하고 더 행복해질 수 있을 것 같았기 때문입니다. 당시에는 후회할까 봐 걱정했지만, 돌이켜보면 훌륭한 결정이었습니다. 업무의 구체적인 내용보다 인정받고 심리적으로 안전하다고 느끼는 것이 만족도에 더 중요하므로, 사람들과 함께할 때는 어떤 가치관이 자신에게 맞는지 꼭 기억하기 바랍니다.

- 어떤 사람과 있을 때 마음이 편하고 안정감과 행복을 느끼나요? 존경하거나 소중하게 생각하는 사람과 함께 이 문제를 생각해보세요.

- 누군가(동료나 친구들)와 함께할지를 결정할 때, 당신에게 중요한 가치관은 무엇인가요? 주변에 자신을 응원하고 지지해주는 사람이 있나요? 아니면 주변에 피곤하고 기분 나쁘게 하는 사람이 있나요? 이 질문을 바탕으로, 어디에서 누구와 시간을 보낼지 결정하세요.

행복이 길을 잃을 때

"나는 여전히 여기에 있어. 곧 다시 만나게 될 거야."

"나는 결코 행복해지지 못할 거야."

"내 기분은 언제나 이래."

양호

쇠약

"지금은 내려가고 있지만, 언젠가 꼭 다시 올라올 거야."

"야호! 나도 해냈으니, 너도 해낼 거야."

"오랜 동안 기쁨을 만끽하기를"

불안정

플로리싱

제 6 장
무너진 마음에 회복이 필요할 때

　삶의 무게에서 벗어날 수 있는 사람은 없습니다. 우리가 누구이든, 지식이 얼마나 많든지요. 정말 근사한 행복 샌드위치를 만들었다 해도 마찬가지입니다. 단단한 빵 위에 촘촘하게 재료를 잘 쌓은 샌드위치를 만들었어도 늘 행복할 수만은 없습니다. 슬픔과 아픔은 늘 주위에 있을 것이고, 우리는 힘든 일을 겪으면서 극복하기 어려운 감정에 힘겨운 나날을 보낼 수도 있습니다. 심지어 행복이 자신만을 피해 가는 것 같다는 생각에 극심한 고통을 겪기도 합니다.

　어려운 사건이 발생하면 부정적인 감정을 느끼는 것은 정상입니다. 뇌는 힘든 시기를 식별하고 그에 따라 반응하니까요. 슬프게도, 어려운 감정을 경험하는 것은 삶의 정상적인 부분입니다. 많은 사람들이 그러하듯 우리도 인생의 어느 시점에서 정신 건강이 나빠지는 것을 느낄 수 있습니다.

　행복해지려면 단순히 행복을 키우는 방법뿐 아니라 고통을 극복하고 그것에 대응하는 방법도 배워야 합니다. 이번 장에서는 기분이 좋지 않을 때, 행복하지 않다고 느낄 때, 정신 건강이 좋지 않고 안녕감을 느끼지 못할 때 어떻게 자신을 돌볼지를 살펴볼 것입니다.

난 왜 이렇게 힘든 거지?

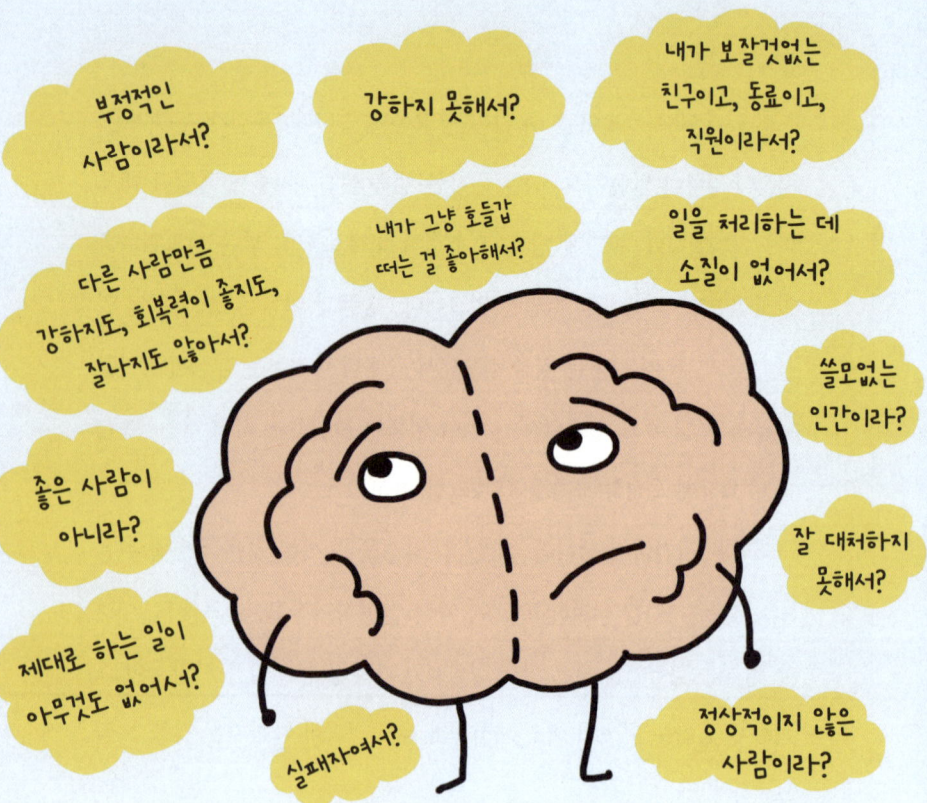

사실, 내가 힘들다고 느끼는 이유는
정말 힘들어서일 수도 있어.

우리는 행복해지기 위해 고통을 겪는다

고통을 겪는 것이 자연스러운 일이라면 우리는 대처하는 법을 배워야 합니다. 조금 다르게 생각해보면 어떨까요? 우리가 슬픔을 겪는 것은 행복해지기 위해서 아닐까요? 슬픔을 겪어야 행복을 인식하고 진정으로 감사히 여길 수 있지 않을까요? 이런 생각은 제가 처음 한 것이 아닙니다. 수천 년 동안 삶의 의미를 고민하고 고통을 지혜롭게 해석한 옛 현인들의 말씀입니다. 수많은 종교가 고통은 삶의 일부라고 말하고, 고대 철학자들도 슬픔을 이해하는 것이 주관적 안녕감을 유지하는 필수 조건이라고 했습니다. 그런데 우리는 일상적으로 고통을 경험하지는 않기 때문에, 막상 그런 상황이 닥치면 많이 당황하고 힘들어합니다. 안타깝게도 고통은 여전히 삶 속에 존재하며, 앞으로도 그럴 것입니다.

심리학자의 관점에서 말하자면, '대처'란 어려운 감정을 경험할 때 무엇을 해야 하는지 알고, 장기적으로 다시 행복으로 돌아갈 수 있도록 대응하는 것을 말합니다. 어려움이 닥쳤을 때 위기에 잘 대처하는 사람이 있는가 하면 힘겨워하는 사람도 있습니다. 어쨌든 우리는 이러한 도전적인 감정에 잘 대응해야 합니다.

안타깝게도 뇌는 우리가 고통받을 때 별 도움이 되지 않습니다. 지름길을 통해 노력이 적게 드는 길로 우리를 인도하지만, 정작 그 때문에 고통이 연장되는 경우가 많지요. 뇌는 한발 떨어져서 보아야 할 상황임을 인지하지 못하고 일반적인 상황에서 택하는 보편적인 패턴을 따라 행동합니다. 고통과 고뇌의 시기에는 뇌의 자연스러운 행동이 우리에게 불리하게 작용합니다.

고통을 막을 수는 없지만 대처할 수는 있습니다. 엄청난 스트레스를 받는 어려운 시기를 견뎌내는 데 무엇이 도움이 되는가는 수없이 연구되어온 주제이기도 합니다. 이를 통해 현대인들은 고통을 경험할 때 도움이 되는 지혜를 얻을 수 있습니다.

우리는 큰 역경을 이겨내고 행복을 되찾아왔습니다. 다음의 '행복 연습'을 통해 고통을 견디는 데 도움을 주는 요소들을 알아보고, 제가 상담을 통해 알게 된 놀라운 이야기를 들려드리고자 합니다.

행복 연습 1

고통을 삶의 일부로 받아들이기

   불가피한 것을 알면서도 사람들은 고통을 겪게 되면 "왜 나지?"라고 자문합니다. 이것은 우리가 고통에 대한 차별적이고 불평등한 인식을 갖고 있고, 고통의 이유나 책임을 어디선가(일반적으로 자신을 탓함)에서 찾을 수 있다고 믿는다는 점을 보여줍니다. 그러나 그것이 헛된 시도이고 원인도 찾을 수 없다는 것을 깨닫기까지는 그리 오랜 시간이 걸리지 않습니다.

   시각을 바꾸어 생각해봅시다. "왜 나지?"는 왜 틀렸을까요? 저는 이러한 접근법을 회복 탄력성 연구자인 루시 혼Lucy Hone 박사의 강연을 듣고 처음 알게 되었습니다. 혼 박사가 자신의 고통과 그것을 극복한 과정을 이야기하며 소개한 이 접근법은 나쁜 일에 대한 새로운 관점을 제시합니다. 나쁜 일이 절대 일어나서는 안 된다고 생각하지 말고, 힘든 감정이나 분노에 무관심하지도 말라는 것이지요. 오히려 이 모든 것을 삶의 일부로 받아들이고 우리의 행동과 생각을 자신에게 유익한 방향으로 전환해 집중할 것을 권합니다.

   달라이 라마는 그의 저서인 『달라이 라마의 행복론』(네, 맞습니다. 제가 글래스고의 오래된 가로등 옆에서 읽었던 책입니다)에서 고통을 자연스러운 것으로 보면 그것에 더욱 관대해지고 희생양인 자신을 가여워하는 마음이 줄어들 거라고 말했습니다. 나쁜 감정을 환영할 사람은 없습니다. 그렇지만 이를 삶의 일부로 받아들일 때 고통을 견뎌내고 그 너머로 나아갈 수 있습니다. 129쪽의 그림을 보면서 경험에 대한 보편적 인간성을 다룬 내용을 다시 읽어보세요.

역경에서 의미 찾기

역경에서 의미를 찾으라고? 처음에는 받아들이기 어렵겠지만, 잠깐만 생각해봅시다. 어두운 시기에서 의미를 찾는 것은 오히려 우리에게 도움을 줄 수 있습니다.

심리학자들이 '긍정적 적응positive adjustment'이라고 명명하는 이 접근법은 어려운 시기를 겪은 후에 자신이 더 나은 사람으로 변했다는 실증을 바탕으로 합니다. 상담을 하다 보면 역경을 겪은 후 자신이 더 공감력을 갖게 되었고, 다시는 그 끔찍한 일을 겪고 싶지 않아 이제는 작은 것에 감사하고 주어진 시간을 소중히 여겼더니 결과적으로 더 행복해졌다는 이야기를 듣곤 합니다. 영화에나 나올 법한 이야기처럼 들릴 수 있지만, 힘든 시기를 지나온 사람들의 입에서 직접 그런 이야기를 들으며 저는 그들의 생생한 감정과 진솔함을 느낄 수 있었습니다.

최악의 시기를 겪는 사람들에게 이 이야기는 어처구니없게 들릴 수도 있습니다. 그러나 최악처럼 보이는 그 환경이 오히려 큰 의미로 재탄생해 삶을 긍정적으로 변화시키는 계기가 될 수 있습니다. 우리 중 누구도 고통을 원하지 않지만 사람들은 보통 자신이 생각하는 것보다 고통에 더 잘 대처하고 어떤 식으로든 발전해 전에는 없던 면모를 보이고는 하며, 이는 앞으로의 삶에 긍정적인 영향을 미칩니다.

단, 이 연습은 어려운 경험이나 감정을 긍정적으로 생각하라고 강요하고자 만든 것이 아닙니다. 힘든 일을 겪은 직후에는 이러한 마음가짐을 자신에게 강요하지 마세요. 각자 상황을 판단하여 스스로에게 유익하다고 생각되는 경우에만 다음의 '행복 연습'을 진행해보기를 권합니다.

역경 속에서 의미를 찾는 데 도움이 되는 질문들

- 이번 경험을 통해 앞으로의 삶에 도움이 될 만한 것을 배웠나요?
- 힘든 시기를 겪는 와중에 뜻밖의 긍정적인 결과가 있었나요?
  (예: 새로운 가능성이 열렸거나, 예상치 못한 길로 인생이 바뀌며 다른 경험을 할 수 있었던 경우)
- 이번에 얻은 경험과 지식을 다른 사람들에게 도움이 되도록 활용

할 수 있을까요?

- 이번 경험을 통해 새롭게 의미 있는 일에 도전할 수 있을까요?
- 세상을 바라보는 방식이나 세상에 반응하는 방식이 달라졌나요? 이러한 변화가 어떤 방식으로든 자신에게 도움이 되었다고 생각하나요?
- 자신에게 정말 중요한 것이 무엇인지 새롭게 깨닫지는 않았나요? 깨달았다면 앞으로 그 점을 어떻게 자기 삶에 활용할 생각인가요?
- 앞으로 어떻게 살고 싶나요? 어떤 것을 배우게 되었나요?

행복 연습 3

희망 잃지 않기

뇌는 현재의 감정을 기반으로 미래를 예측합니다. 이러한 이유로 뇌의 예측력은 기분이 좋을 때는 밝은 미래를, 기분이 나쁠 때는 암울한 미래를 상상합니다. 문제는 후자입니다. 희망이 없는 미래는 절망감을 키우고 기분을 더 나쁘게 만듭니다. 하지만 우리는 뇌의 설계 결함을 바꿀 수는 없고, 그렇기에 지금 느끼는 감정은 영원하지 않다고 끊임없이 되뇌어야 합니다. 희망의 끈을 놓지 말아야 하는 것이지요.

희망은 어떤 감정일까요? 희망은 무엇을 떠올리게 하나요? 희망의 의미는 지극히 주관적이라 개인의 가치관이나 처한 상황에 따라 다릅니다. 항상 이런 기분이 드는 것은 아님을 스스로에게 상기시키고 전에는 힘든 시기를 어떻게 극복했는지 생각해보세요. 좋았던 시절의 사진을 보거나, 다른 사람과 이야기하거나, 자신에게 의미 있는 말을 들어도 좋습니다. 피어나는 봄꽃이나 아이들의 웃음소리 등 기분 좋게 만드는 사소한 것에 주목해도 되고요.

제가 생각하기에 희망을 되찾는 강력한 방법 중 하나는 예상치 못했던 긍정적인 변화를 경험한 다른 사람들의 이야기를 듣는 것입니다. 영국의 작가 매트 헤이그Matt Haig와 조니 벤자민Jonny Benjamin은 자신들의 인생에서 가장 좌절했던 시절의 이야기를 공유하며, 절망 속에서도 왜 희망을 가져야 하는지를 이야기하고 있습니다.

다음 장의 말풍선을 채워 넣으며 희망의 신호를 발견하기 바랍니다.

정신 건강 언덕

정신 건강을 이해하고 적극적으로 돌보자!

건강한 마음을 지키는 뇌과학

처음에 소개한 주관적 안녕감을 나타내는 곡선을 떠올려 봅시다(6쪽 참고). 이 곡선은 다양한 시점에서 각 개인이 어떤 상황에 처하는지를 나타냅니다. 우리는 여러 단계를 거쳐가며 살아가게 됩니다. 어떤 때는 인생 최고의 순간인 플로리싱 상태에 있다가도, 쇠약 단계 혹은 그보다 낮은 상태에 놓일 수도 있습니다. 지금까지는 행복을 증진시키는 방법과 이를 일상에 적용해 안녕감을 끌어올리는 방법을 이야기했습니다. 그러나 안녕감을 온전히 이해하기 위해서는 곡선 전체를 이해해야 합니다. 곡선의 가장 아래 단계부터 이야기하겠습니다. 이 단계가 자신과 무관하다고 생각되더라도 그냥 지나치지 마세요. 왜 꼭 읽어야 하는지 알려드릴게요.

우리는 낮은 안녕감(정신 질환과도 연계됨)을 이례적이고 비정상적이라고 생각하는 경향이 있습니다. 그러나 확률로 보면 4명 중의 1명, 우리 중 25%가 정신적으로 힘든 단계를 경험한다고 합니다. 공식적으로 밝혀진 4명 중 1명도 이미 많은 수인데, 정신 질환을 경험하는 사람들의 수는 축소되어 발표되는 경향이 있습니다. 진단 기준에 미치는 경우만 통계에 포함되기 때문입니다. 진단 기준을 만족시키지는 못하지만 우울감이 있는 사람들, 혹은 낙인이 찍힐까 봐 쉬쉬하며 사는 사람들까지 고려하면 실제 수치는 훨씬 높을 것입니다.

장기적인 연구(피실험자를 평생에 걸쳐 추적 조사한 연구)에 따르면 그 수치는 이보다 훨씬 높은 60% 이상일 거라고 합니다. 뉴질랜드의 더니든 그룹Dunedin Group은 사람들의 80% 이상이 인생의 어느 시점에서든 정신 질환을 경험한다고 발표했고요. 이런 연구들을 보면, 정신적으로 취약한 사람들과 정신 질환을 비정상적으로 보는 것이 오히려 비정상적임을 알 수 있습니다. 오히려 많은 사람이 인생을 살아가면서 겪는 지극히 일반적인 경험이라고 보아야 옳지 않을까요?

이제 웰빙 곡선의 두 번째 범주인 '쇠약'을 살펴봅시다. 《뉴욕 타임스》의 한 기사에서 심리학자 애덤 그랜트Adam Grant

는 쇠약을 플로리싱과 우울증 사이의 진공 상태, 즉 안녕감의 부재 공간이라고 명명한 바 있습니다. 이 기준대로라면 인생의 어느 시점에서 쇠약을 경험하지 않은 사람은 없을 것입니다. 이 기사가 많은 사람들의 공감을 불러일으켜 수백만 명의 전 세계인들에게 공유된 이유도 이 때문입니다.

우리는 심리적인 위축과 고통을 삶의 일부로 받아들여야 합니다. 어느 시점에서든 스트레스를 받지 않는 삶은 없습니다. 정신 건강 치료에 대해 조언하는 것은 이 책의 범위를 넘어서는 일이기에 하지 않겠지만, 이것만은 알아주세요. 인간이 겪는 고통의 유형은 다양하고, 질환을 일으키는 원인이나 분출 요인 및 증상은 개인의 지문만큼이나 개별적이고 다릅니다. 또한 한 사람에게 효과적인 방법이라 해도 다른 사람에게는 적용되기 어려울 수 있으므로 정신 건강 상담은 개인 맞춤형으로 진행되어야 합니다. 당신의 정신 건강을 위해 꼭 알아야 할 몇 가지를 적어두겠습니다.

첫째, 정신 건강에 대해 바르게 이해하고 악화되기 전에 선제적으로 필요한 조치를 취하세요. 언제 자신에게 도움이 필요한지를 아는 것도 중요합니다. 힘든 감정이 2주 이상 이어지고 일상생활이나 기능에 영향을 미친다면 추가적인 도움을 고려하는 것이 좋습니다. 심리 상담, 약물 치료 및 운동 처방 등 다양한 치료법이 있습니다. 이러한 정보를 미리 알고 있는 것은 매우 강력한 무기가 될 수 있습니다. 정신적으로 지친 뇌가 자신을 치유할 정보를 찾는 일은 너무 힘들지 않을까요? 기분이 좋을 때 미리 이러한 정보를 숙지해야 합니다.

둘째, 정신 건강 문제는 본인 고유의 유전적 결함이나 잘못된 행동 때문이 아님을 꼭 기억하기 바랍니다. 원인을 콕 집어서 찾기는 쉽지 않습니다. 결코 자신을 탓하지 마시기 바랍니다. 정도 차이만 있을 뿐 모두가 경험하는 일이니까요.

셋째, 고통받거나 우울한 뇌는 여러분의 친구가 아니며 적도 아님을 기억하세요. 정신 건강 상태가 나쁘거나 스트레스를 받거나 과부하가 걸릴 때, 뇌가 우리가 원하는 바와 반대로 작동하는 것은 설계 결함 때문입니다. 정신 건강이 일반적일 때도 뇌 속에 숨은 '닌자'는 과잉 활성화되어 부정적인 요인이 될 만한 것들을 모두 찾아냅니다. 심지어 그런 요인이 없을 때도요. 그러면 뇌의 합리적 관리자들은 무기력해져 문제를 파악하거나 해결, 혹은 주의력을 관리할 생각을 못 하고, 여유 있게 상황을 지켜보지도 못합니다. 수면이나 식욕 같은 기본적인 욕구도 흔들립니다. 하지만 여러분은 이 책을 통해 뇌의 설계 결함을 파악하고 뇌가 지시하는 대로 따라가는 것보다 도움이 되는 전략을 많이 알게 되셨으리라 믿습니다.

마지막으로, 고통받는 뇌는 과부하에 걸려 위축된 상태이니 결코 복잡한 문제로 부담을 주지 마세요. 기분이 나쁠 때는 아주 쉬운 결정을 내릴 때조차도 부담을 느끼기 때문에(이미 뇌의 관리자들은 무능한 상태임을 기억하세요) 쉬운 전략을 사용해야 합니다.

이제 기분이 최악이거나 뇌가 무기력한 상황에서도 사용할 수 있는 전략을 함께 살펴보겠습니다.

정신 건강 언덕

218쪽 그림을 이용하여 정신 건강의 다양한 단계에 해당하는 신호를 확인해보세요. 플로리싱과 쇠약 단계를 확인할 수 있는 신호로는 어떤 것이 있을까요?

태양은 안녕감에 긍정적인 영향을 주어 우리를 언덕 위로 올리는 요소입니다. 바람은 부정적인 영향을 주어 언덕 아래로 밀어내는 요소입니다. 이러한 요소들을 알고 있으면 정신 건강이 악화되는 징후를 발견했을 때 필요한 조처를 하고 도움이 필요한 때를 알 수 있습니다. 스트레스 양동이를 다룰 때 그랬던 것처럼 이러한 신호를 사고, 감정, 신체, 행동으로 세분화해도 좋습니다.

자신에게 낙인 찍지 말기

스스로에게 낙인 찍는 일에 익숙하신가요? '이렇게 느끼면 안 돼'라고 생각하거나 마음속에서 자신에게 '한심하다', '나약하다', '비정상이다' 같은 온갖 나쁜 말을 하고 있다면 낙인 찍기는 이미 시작된 것입니다.

자기 자비를 갖는 일이 너무 복잡하고 힘들게 느껴지고 이성적인 사고를 하는 게 어려울 수 있습니다. 이런 경우에는 간단한 대처법이 가장 좋습니다. 미리 문구를 준비하여 이러한 생각이 사실이 아니라는 점을 상기시키기 바랍니다. 스마트폰에 그러한 문구를 이미지로 저장해도 좋고 도움이 되는 링크를 저장해도 좋습니다. 자신에게 따뜻한 메시지를 담은 쪽지를 남겨도 좋습니다. 이렇게 작은 노력만으로도 자신에게 낙인 찍는 일을 막고 어려운 시기를 보다 긍정적으로 극복할 수 있습니다.

타라 브랙의 RAIN 명상도 다시 한번 추천합니다. 이 명상은 고통을 느끼는 것이 정상이라는 점을 상기시키고, 자신을 친절하게 대하고 이해할 것을 권합니다. 저는 영국의 작가 브리오니 고든Bryony Gordon이 남긴 말을 좋아합니다. 기분 나쁜 감정이 지극히 정상임을 일깨워주거든요. "저는 예전에 제가 느끼는 방식 때문에 저를 괴짜라고, 비정상이라고 생각했어요. 하지만 이제는 그런 감정을 느끼는 것이 정상적인 일임을 압니다."

이것이 너의 불꽃이야!

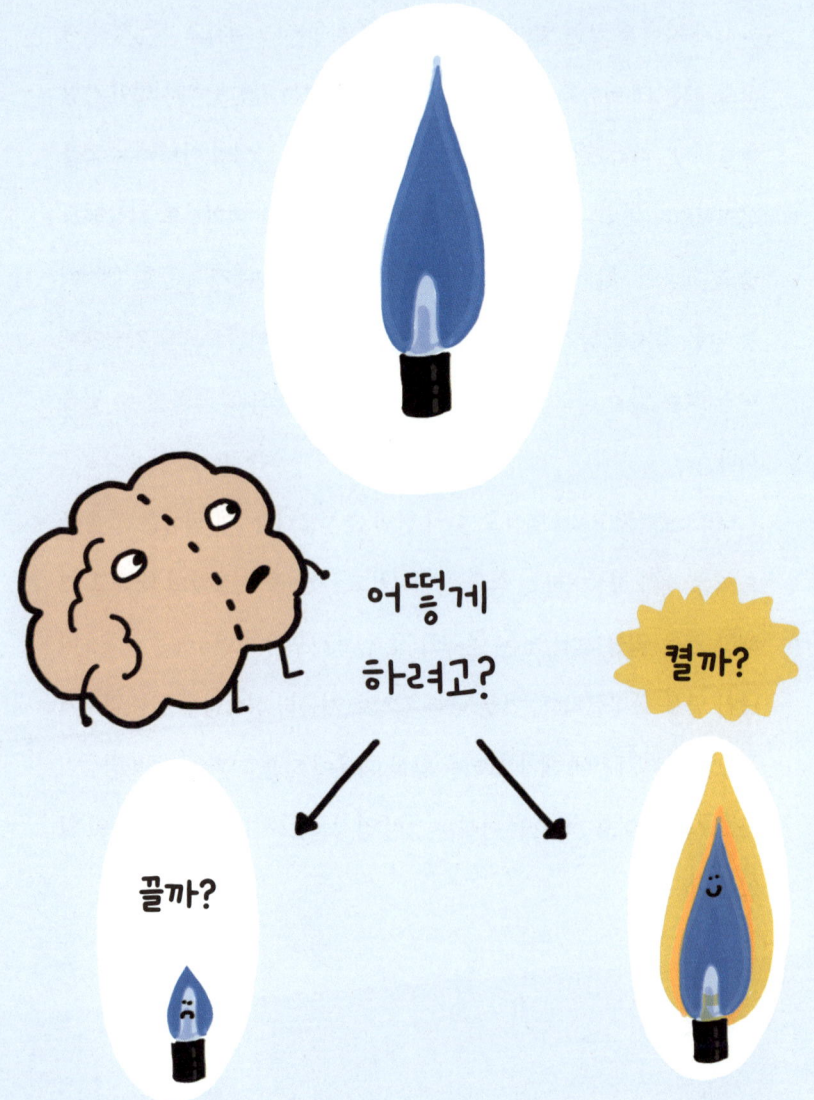

행복연습 3

도움이 될까, 방해가 될까?

기분이 좋지 않을 때 뇌는 우리에게 도움이 되지 않는 쪽으로 이끌리고 기분을 더욱 악화시키는 일을 하게 됩니다. 이런 상황에서 어떤 행동을 계획할 때는 그 행동이 나에게 도움이 될지 아니면 해가 될지 자문해보기 바랍니다. 간단한 방법이지만 유용합니다.

브리오니 고든의 비유는 이 개념을 완벽하게 설명해줍니다. 앞 장의 그림을 활용하여, 자신이 불꽃이라고 상상해보세요. 그리고 행동을 취하기 전에 자문하면 됩니다. '이 행동이 내 불꽃을 키워줄까, 아니면 꺼뜨릴까?' 불꽃을 키우는 행동을 선택했다면 더 이상 불꽃을 꺼뜨릴 생각은 하지 않기를 바랍니다. 이 방법은 뇌가 지쳤을 때도 사용할 수 있는 단순하고 부담 없는 작업이며, 평소에도 행복과 안녕감을 위해 의사 결정을 내릴 때 유용하게 사용할 수 있습니다.

"행복해지기를 더 이상 미루지 마세요"

자, 여기까지 행복에 대해 알아봤습니다. 이 책의 마지막으로 향하는 지금, 여러분 모두의 삶에 더 많은 행복이 있기를 기원합니다. 우리는 지금까지 긴 여정을 함께해왔습니다. 행복에 대한 오해를 규명하면서 행복의 정의를 내렸고, 행복 샌드위치의 재료를 알아보고 함께 쌓아 올렸습니다. 주의력을 집중하고 이론을 행동에 적용하여 실천하는 법도 알아봤지요. 이제 여러분은 어떻게 해야 행복할 수 있는지, 행복에 대한 잘못된 신념이 무엇인지를 알게 되었을 겁니다.

우리는 모두 행복할 수 있습니다. 행복 샌드위치에 다가오는 위협을 알아채고 대응할 수도 있고, 설계 결함을 가진 뇌가 우리의 안녕을 방해할 때 이를 알아채고 행동을 취할 수도 있습니다.

제 생각에 가장 중요한 것은 행복이 삶의 목표라고 확신하지는 못하더라도, 행복을 추구할 가치가 있는 것으로 인식하고 행동에 나서는 것입니다. 저는 행복의 나라로 가는 무료 입장권을 드릴 수 없습니다. 그런 곳은 존재하지 않기 때문입니다.

가치 있는 것을 얻을 때는 대체로 그러하듯, 행복을 얻기 위해서도 많은 정성을 기울여야 합니다. 우리에게 도움을 주고 진정한 행복을 안겨주는 대상을 얻고, 행복하기 위한 행동을 하는 방법을 배우는 등 인생의 긴 여정 동안 지속적으로 노력해야 합니다. 행복은 찰나에 느껴지는 일시적인 감정입니다. 그렇기에 또 우리는 행복 주머니를 두둑해지게 하는 방법을 터득하는 데 노력을 기울이는 동시에 회피할 수 없는 어려움을 헤쳐나가는 데도 정성을 들여야 하고요.

저 역시 다른 많은 사람들처럼 코로나19 팬데믹으로 인해 힘든 시기를 겪은 뒤, 저를 행복하게 하고 제 삶에 의미를 부여하는 일들로 돌아가기 위해 노력하고 있습니다. 기념비적이고 대단할 일을 할 필요는 없습니다. 일상의 작은 행동이면 충분합니다. 사랑하는 사람들과 만나기, 친구들과 즐거운 순간 공유하기, 식물의 씨앗이 자라는 모습 관찰하기, 휴식 취하기, 책 읽기, 풍경을 즐기며 산책하기, 배우자와 배드민턴 치기, 직장에서 공통된 목적을 향해 함께 작업하기, 그리고 이를 통해 순간의 의미를 발견하면 됩니다.

저도 다른 사람들처럼 가끔은 실패하기도 합니다. 우리는 모두 실수를 하니까요. 샌드위치에 잘못된 재료를 넣기도 하고, 갑자기 재료가 흘러내리는 일을 겪기도 합니다. 하지만 괜찮습니다. 이를 통해 다시 배우며 어려움을 헤쳐나가고 또 샌드위치를 쌓아 올리면 됩니다. 행복이 우리에게 요구하는 것은 바로 이것입니다. 힘든 시기를 겪으면서도 희망을 놓지 않고, 배운 것을 바탕으로 다시 쌓아 올릴 것.

이 책은 행복해지고 싶은 개인이 할 일에 중점을 두고 쓰였지만, 주변 사람들과의 연결과 상호 작용이 행복의 필수 요소임을 잊지 마세요. 행복은 환경과 맥락 속에서 구축되니까요. 직장, 가정, 지역 사회, 이웃, 국가 등 모든 것이 영향을 미칩니다.

일터는 직원들의 가치를 인정해주고, 안전하게 보호해주는 울타리입니다. 직장은 이러한 문화를 발전시키고 안녕감을 중심에 두는 공간이어야 합니다. 이를 위해서는 조직 내 모든 구성원의 노력과 리더의 지원이 필요합니다. 개인이 행복을 위해 노력하는 것처럼 직장도 조직원들의 행복 증진을 핵심 목표로 두어야 합니다. 다른 곳보다 현 직장에서 일하는 것이 더 행복하다고 느끼는 직원들이 많다면 높은 참여도와 협력, 혁신을 기대할 수 있을 겁니다. 직원들이 행복한 직장은 이직률이 낮고 병가가 줄며 혁신성이 높아집니다. 비용 절감은 물론 직원들의 업무 성과도 향상되는 것이지요.

공동체는 어떨까요? 공동체가 잘 유지되려면 각 개인 모두가 행복해야만 합니다. 자연 및 커뮤니티 공간에 대한 접근성이 높아야 하고 안전한 주택이 안정적으로 제공되어야 합니다. 이 외에도 운동을 위한 공간, 신선한 공기와 자연 등 원활한 사회적 상호 작용이 이루어지고 건강한 일상을 즐길 수 있는 장소가 마련되어야 하지요. 공동체의 일원들이 고립되지 않고 건강과 안녕감을 유지, 증진할 수 있도록 선제적 지원이 이루어져야 할 것입니다.

저는 정부 정책의 목표가 사람들의 삶을 개선하는 것이어야 한다는 '왓 웍스 웰빙What Works Wellbeing'*의 원칙에 동의합

---

* 영국의 웰빙 연구 기관으로, 웰빙 증진을 위한 연구와 지침을 통해 영국뿐만 아니라 전 세계적 웰빙 정책에 큰 영향을 미쳤다. – 옮긴이

니다. 국민의 안녕감에 미치는 영향을 고려하지 않는 정책은 의미가 없습니다. 안녕감은 단순한 정신 건강 정책만으로는 이룰 수 없습니다. 안전하고 경제적인 주택 제공, 취약 계층과 고통받는 사람들에 대한 지원, 의료 서비스 접근 보장, 불평등의 체계적인 해소, 빈곤과 차별 해결, 그리고 자라나는 아이들이 최상의 상태에서 출발할 수 있게 하는 여건 형성 등에 중심을 둘 때 안녕감은 확대됩니다. 정부는 국민이 희망을 꿈꿀 수 있고 삶의 모든 측면에서 행복을 누릴 수 있도록 해야 합니다. 이를 위해 국민에게 도움을 주고 고통을 분담해 모두가 행복하고 건강한 삶을 위한 기회와 환경을 조성해야 합니다. 이미 일부 국가들은 국민의 행복도를 측정하는 지수를 개발해 적용하고 있습니다. 그러나 이것은 시작일 뿐입니다. 여기서 한 걸음 더 나아가 국가는 행복과 안녕감을 인생의 핵심 지표로 만들어 반영하고 국민의 안녕감에 미치는 영향을 고려하여 정책을 수립해야 합니다.

  행복과 안녕감에 대한 책임이 개인에게만 있지는 않습니다. 공동체, 직장 그리고 정부 모두의 공동 책임입니다. 이러한 다양한 조직에서 얻는 행복을 통해 우리는 개인의 행복을 증진할 수 있고, 그와 동시에 개인적 차원에서도 계속 노력해야 행복할 수 있습니다. 일상에서 할 수 있는 일을 하고 주변 사람들을 위해 무엇을 할 수 있는지를 고민해보세요! 행복의 시작일 수 있습니다.

오늘부터 행복 샌드위치를 만들어봅시다. 지금 여러분에게 기쁨을 주고 삶에 의미를 주는 재료는 무엇인가요? 이를 연료로 장착하기 바랍니다. 그리고 행복과 안녕감을 뒷자리에 놓고 시동을 걸어봅시다. 무엇을 하고 싶은지, 어려운 시기를 어떻게 헤쳐나가야 하는지, 타인을 어떻게 대해야 하는지, 어떤 결정과 행동을 해야 하는지를 고민하면서 여정을 떠나면 어떨까요? 행복은 기다리면 오는 것이 아닙니다. 인생 전반에 걸쳐 쌓아가는 것입니다. 결국, 행복은 삶의 목적입니다. 저도 이제 이 책을 들고 운전해서 글래스고로 떠나려 합니다. 그 녹슨 가로등을 찾기 위해서요.

이 책을 읽어주셔서
감사합니다.
만족스러운 시간이었기를
바랍니다.

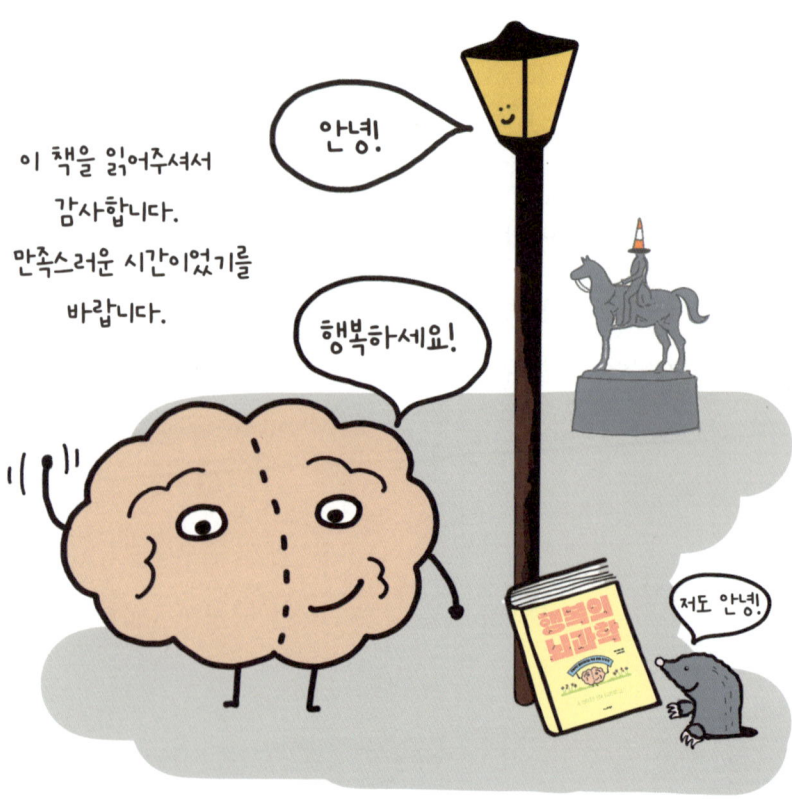

감사의 글

책은 혼자의 힘으로 만들어지지 않습니다. 이 책이 세상에 나오도록 도와주신 모든 분들께 감사의 말씀을 드립니다.

책을 세심하게 구성해주신 공동 제작자 줄리아(마라톤을 함께 뛴 듯한 인내심으로 함께해주셔서 감사합니다), 케리, 케이티, 지니, 그리고 제 소중한 '감정 체크 담당' 제니에게 감사드립니다.

저보다 이 책을 더 많이 홍보해주신 엘라, 립폰, 그리고 그린핀치와 쿼르커스 팀께 감사드립니다.

시간과 지원, 웃음, 그리고 차를 무제한으로 제공하며 든든한 버팀목이 되어준 스튜어트, 프레이저, 그리고 에비(트위스터 게임은 절대 잊지 못할 거예요!), 감사합니다.

열정적인 응원단이 되어준 수잔, 로나, 두 가지의 역할을 마다하지 않고 해준 제니, 닐, 제가 자주 자취를 감춰도 무작위로 문자, 예쁜 카드, 그리고 따뜻한 메시지를 보내주신 분들, 모두 감사합니다.

마지막으로 저의 책을 사랑해주시는 소중하고 귀한 독자 여러분, 소피, 루비, 그리고 인버루리와 팔커크의 홍보팀, 감사합니다.

이 책이 세상에 나오기까지 도움을 주신 모든 분들께 감사의 마음을 전합니다.

> 더 읽어보기

프롤로그

- His Holiness The Dalai Lama and Cutler, Howard C., The Art of Happiness: A Handbook for Living, Hodder & Stoughton, 1999

안녕감의 정의

- https://whatworkswellbeing.org/aboutwellbeing/what-is-wellbeing/

행복 및 안녕감에 관한 추가 자료

- https://www.pursuit-of-happiness.org/history-of-happiness/

웰빙 곡선에 관한 추가 자료

- Huppert, F.A., 'Psychological Well-Being: Evidence Regarding Its Causes and Consequences', Applied Psychology: Health and Well-Being, 1: 137–164, 2009

제1장 뇌과학이 말해주는 행복의 비밀

- Gilbert, Dan, Stumbling on Happiness, Harper Perennial, 2007
- Dr Laurie Santos' podcast, The Happiness Lab, in discussion with Dr Dan Gilbert: https://www.happinesslab.fm/season-1-episodes/the-unhappy-millionaire
- Baumeister, Roy F. et al, 'Bad is Stronger than Good', Review of General Psychology, 5, 323–370, 2001
- Burnett, Dean, The Happy Brain: The Science of Where Happiness Comes

- From, and Why, Guardian Faber Publishing, 2019
- Lyubomirsky, Sonja, 'Hedonic Adaptation to Negative and Positive Experiences', in Folkman, Susan (ed.), The Oxford Handbook of Stress, Health, and Coping, OUP, 2010
- Lyubomirsky, Sonja, The Myths of Happiness, Penguin Group, 2014

제2장 감정을 다루어야 행복해진다

행복과 연결에 관한 추가 자료

- The Harvard Study of Adult Development study: https://www.adultdevelopmentstudy.org

친절한 행동에 관한 아이디어

- https://www.actionforhappiness.org
- https://www.randomactsofkindness.org/kindness-ideas

자신의 가치를 이해하는 데 도움이 되는 안내서

- https://www.worldvaluesday.com/wp-content/uploads/2021/05/WVD-2021-Values-Guide-for-Individuals.pdf

가치를 식별하는 데 도움이 되는 러스 해리스의 다양한 도구

- https://www.actmindfully.com.au

시도하면 좋은 특정 가치 연습

- https://www.actmindfully.com.au/wp-content/uploads/2019/07/Values_Checklist_-_Russ_Harris.pdf

경외감 과학

- https://ggsc.berkeley.edu/images/uploads/GGSC-JTF_White_Paper-Awe_FINAL.pdf

경외감 연습

- https://ggia.berkeley.edu/#filters=awe
- Frankl, Viktor, Man's Search for Meaning, Rider Books, 2021
- Tribole, Evelyn & Resch, Elyse, Intuitive Eating: A Revolutionary Anti-Diet Approach, St Martin's Essentials, 2020

제3장 뇌의 속임수에 속지 않는 법

- Tara Brach's RAIN meditation: https://tarabrach.ac-page.com/rain-pdf-download
- Kirschner, H., Kuyken, W., Wright, K., Roberts, H., Brejcha, C., & Karl, A., 'Soothing Your Heart and Feeling Connected: A New Experimental Paradigm to Study the Benefits of Self-Compassion', Clinical Psychological Science, 7(3), 545-565, 2019

자기 자비를 위한 실질적인 연습

- https://self-compassion.org
- Dr Kristin Neff's TED talk, 'The Space Between Self-Esteem and Self-Compassion'
- Nickerson, Raymond, 'Confirmation Bias: A Ubiquitous Phenomenon in Many Guises', Review of General Psychology, 1998
- Rosing, Hans, Factfulness: Ten Reasons We're Wrong About the World – and Why Things Are Better Than You Think, Sceptre, 2018
- Williams, Mark and Penman, Danny, Mindfulness: A Practical Guide to Finding Peace in a Frantic World, Piatkus Books, 2011

좋은 것에 좀 더 주의 기울이기

- https://thehappynewspaper.com
- https://www.upworthy.com

- https://www.goodnewsnetwork.org

제4장 행복을 지키는 기술

- Dwyer, R., Kushlev, K., & Dunn, E., 'Smartphone Use Undermines Enjoyment of Face-to-Face Social Interactions', Journal of Experimental Social Psychology, 78, 233–239, 2018
- Dr Laurie Santos' podcast, The Happiness Lab, in discussion with Catherine Price: https://www.happinesslab.fm/season-2-episodes/episode-6-dial-d-for-distracted
- Hammond, Claudia, The Art of Rest: How to Find Respite in the Modern Age, Canongate, 2019

제5장 행복에도 연습이 필요하다

- Clear, James, Atomic Habits: An Easy & Proven Way to Build Good Habits & Break Bad Ones, Cornerstone, 2018
- Behaviour scientist, B.J. Fogg's Tiny Habits website, https://www.tinyhabits.com/start-tiny

제6장 무너진 마음에 회복이 필요할 때

- Benjamin, Jonny, The Stranger on the Bridge: My Journey from Suicidal Despair to Hope, Bluebird, 2019
- Benjamin, Jonny, The Book of Hope: 101 Voices on Overcoming Adversity Hardcover, Bluebird, 2021
- Caspi A., Houts R.M., Ambler A., et al., 'Longitudinal Assessment of

Mental Health Disorders and Comorbidities Across 4 Decades Among Participants in the Dunedin Birth Cohort Study', JAMA Netw Open. 2020
- Gordon, Bryony, No Such Thing As Normal, Headline, 2021
- Adam Grant's New York Times article on languishing: https://www.nytimes.com/2021/04/19/well/mind/covid-mental-health-languishing.html
- Haig, Matt, Reasons to Stay Alive, Canongate, 2015
- Dr Lucy Hone's TED talk, 'The Three Secrets of Resilient People', https://www.ted.com/talks/lucy_hone_the_three_secrets_of_resilient_people

왓 웍스 웰빙

- Hardoon, Deborah, 'Wellbeing Evidence at the Heart of Policy', What Works Wellbeing, https://whatworkswellbeing.org/wp-content/uploads/2020/02/WEHP-full-report-Feb2020_.pdf

행복의 노l과학 : 오늘부터 행복해지는 작은 연습 53가지

지 은 이	엠마 헵번
옮 긴 이	노보경
발 행 인	서원진
출판본부장	류현수
편집·교정	김정우
편집디자인	이미영
발 행 처	이나우스북스
펴 낸 날	2025년 7월 23일 초판 1쇄 발행
주 소	서울특별시 중구 동호로 14길 5-6(신당동)
등 록	1976. 11. 5. 제9-81호
대 표 전 화	02) 2231-7027
F A X	02) 2231-7994
구 입 문 의	02) 2231-7027~9
I S B N	979-11-6064-358-9 03180
정 가	18,000원

- 이 책은 저작권법에 따라 보호를 받는 저작물이므로 무단전재와 무단복제를 금합니다.
- 이 책의 전체 또는 일부를 재인용하려면 저작권자와 이나우스북스의 서면 동의를 받아야 합니다.
- 잘못된 책은 구입한 곳에서 바꿔드립니다.
- 이나우스북스는 좋은 책을 만들기 위해 독자 여러분의 의견을 기다립니다.
  독자 의견 및 도서 문의 메일 : josetop@inaus.co.kr

이나우스북스는 (주)조세통람의 교양·경제경영 도서를 출간하는 브랜드입니다.